Loren Cunningham is with Jesus

로렌 커닝햄 (1935~2023)

Youth With a Mission(YWAM)의 설립자 로렌 커닝햄은 세계 선교의 선구자였습니다.

로렌은 역사상 처음으로 그리스도와 대명령을 위해 지구상의 모든 주권 국가, 모든 종속 국가, 100개 이상의 영토를 여행한 사람이었습니다(막 16:15).
이제 그는 낡은 여권에 하나의 "스탬프"를 더 추가했습니다.
HEAVEN!

대명령을 발전시키고 모든 사람이 성경을 접할 수 있도록 하려는 그의 헌신은 영원한 영향을 미칠 것입니다.

네 신을 벗으라

당신이 하나님을 더 깊이 알아가고 더 널리 알리는 사람이 되는 것, 이 책에 담겨진 예수전도단의 마음입니다. 말씀을 통해 저자가 깨닫고, 원고를 통해 저희가 누릴 수 있었던 그 감동이 책을 통해 당신에게도 전해지기 원합니다. 그리고 당신을 통해 그 기쁨과 은혜가 더 많은 이에게 계속해서 흘러가기를 기도하겠습니다. 이 책을 통해 당신이 받은 은혜를 다른 분들께도 나눠주십시오. 사랑하고 축복합니다.

Making Jesus Lord
Formerly titled Winning God's way
Copyright © 1988 by Loren Cunningham

Published by YWAM Publishing
P.O. Box 55787, Seattle, WA 98155, USA

All rights reserved. No part of this book may be reproduced in any form
(except for brief quotations in reviews) without the written permission of the publisher.

Korean Translation Copyright © 1993 by YWAM Publishing, Korea

포기와 함께 주어지는 삶

네 신을 벗으라

로렌 커닝햄·제니스 로저스 지음

예수전도단

이 책에서 말하는 대로 살아오시면서
모범을 보여주셨던 우리 부모님,
탐과 제웰 커닝햄에게 이 책을 바칩니다.
우리는 그분들을 깊이 사랑하고 존경합니다.

감사의 글

이 책의 내용은 나에 관한 이야기지만 글은 나의 여동생, 제니스의 손을 빌려 썼습니다. 앞서 발간되었던 『하나님 정말 당신이십니까?』(예수전도단 역간)에서처럼 이번에도 한 팀이 되어 즐겁게 일할 수 있었습니다.

이 책이 나오도록 도와주신 루네 아센, 데이비드 바렛 박사님, 앤디 비치, 브루스 브랜더, 해리 콘, 로버트 커닝햄, T.C. 커닝햄, 조이 도우슨, 테리 제닌, 데이비드 해저드, 앨리슨 뮤에징, 크리스 펨베르턴, 브렌다 포클락키, 레오나르드 레이벤힐, 론 스미스, 차펠 템플, 케이스 워링턴, 게하드 웨슬러, 탐 영, 한 분 한 분께 감사의 마음을 전합니다.

특별히 많은 도움과 격려를 해 준 아내 달린과 제니스의 남편 지미에게도 감사를 드립니다. 그리고 이 책의 집필이 끝나기까지 오랫동안 기다려 준 우리 부부의 자녀들 캐런과 데이비드, 제프리, 조엘과 조나단에게도 고마움을 전합니다.

그리고 누구보다도 우리 모두를 위하여 당신의 권리를 친히 포기하시고 이 땅에 오신 주님께 감사를 드립니다.

CONTENTS

감사의 글　　　　　　　　　　　　　　　7

포기할 때 주어지는 능력의 삶
1. 온 열방에 이르는 길　　　　　　　11
2. 맨발로 가라　　　　　　　　　　　21

포기할 때 주어지는 축복의 삶
3. 사랑하는 이들을 내려놓을 때　　　29
4. 재정을 내려놓을 때　　　　　　　49
5. 자기 자신을 내려놓을 때　　　　　73
6. 명예를 내려놓을 때　　　　　　　101
7. 감정을 내려놓을 때　　　　　　　125

포기할 때 주어지는 승리의 삶
8. 반대정신으로 회복되는 하나님 나라　147
9. 모든 것을 이기고　　　　　　　　185

01 온 열방에 이르는 길

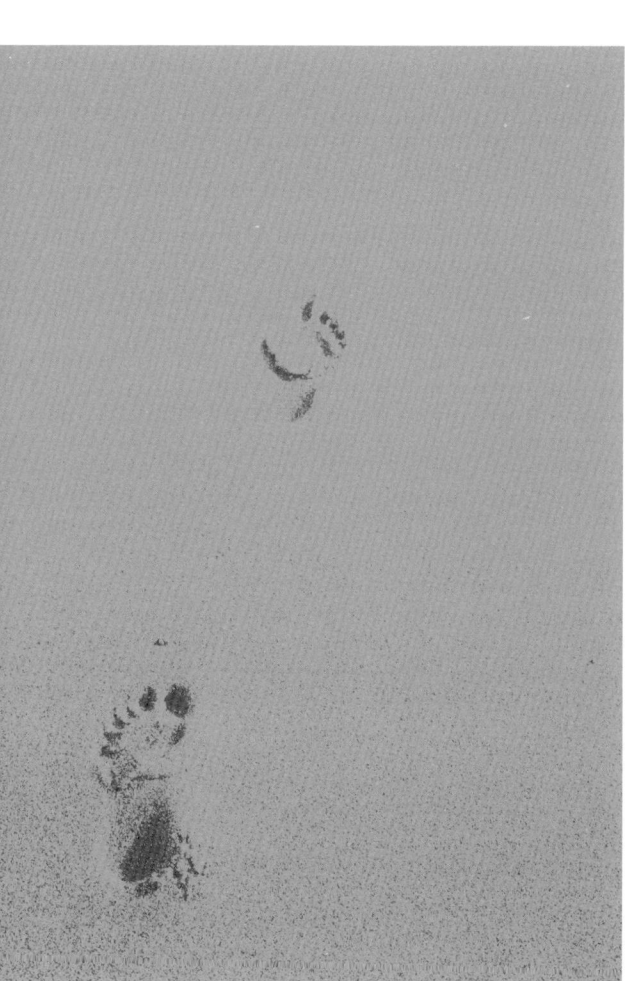

온
열방에
이르는 길

작은 사건 하나가 인생 전체를 완전히 뒤바꿀 수 있다는 것은 얼마나 놀라운 일인가! 내가 마지막으로 기억하는 것은 달린이 폭스바겐을 운전할 때 졸린 눈으로 잠시 그녀를 바라보고 있던 순간이다.

그때 달린과 나는 우리 인생에 있어서 가장 어려운 결정을 내려야만 했던 힘든 만남 후 캘리포니아에 있는 집으로 돌아가고 있었다. 밤새도록 내가 운전하다 아침 6시경부터는 달린이 차를 운전하기 시작했다. 애리조나 고속도로 주변 사막에서 불어오는 따뜻하고 건조한 바람이 차창 밖으로부터 불어 들어와 달린의 얼굴을 상기시켰고, 그녀의 짧은 금발머리를 흐트러뜨렸다.

나는 신발을 벗고 차 뒷좌석에 있는 침낭 속으로 들어가 눈을 감았다. 피곤과 졸음으로 흔들리는 차의 리듬에 맞춰 머리를 부딪치며 최근 얼마 동안 달린과 내가 겪었던 모든 일들을 떠올리고는 "주님,

달린이 제게 정말 얼마나 귀한 사람인지요!"라고 고백했다.

지난 몇 주 동안의 일들은 내 안에 있는 모든 힘을 짜내는 듯했다. 우리는 그때 우리 교단의 대표들을 만나고 돌아오는 길이었다. 나는 초교파적인 선교단체 설립에 대한 내 결정으로 우리 교단 사역자 자격을 포기해야만 했다. 사랑하는 많은 친구들이 나의 결정을 이해하지 못했기 때문에 더욱 힘들었다.

바로 얼마 전 수백만 달러 규모의 사업을 함께 해보자는 고모의 제의도 거절했었다. 왜냐하면 그 일 역시 하나님이 내게 하라고 말씀하신 일과는 상충되는 일이었고 나는 어떤 대가를 지불하더라도 그분께 순종하고 싶었기 때문이다.

결국 나는 내가 되돌아갈 수 있는 남아있는 다리들을 모두 불태워 버렸다. 장래의 경제적인 부유함과 교회에서 목회자로서 성공할 수 있는 가능성을 다 포기했을 그때, 오로지 조금의 흔들림도 없이 견고하게 내 편에 서 있어 주었던 달린만이 내 마음에 큰 위로와 힘이 되었다.

나는 국제적인 선교단체를 개척하라고 한 주님의 부르심에 순종하기 위해 모든 것을 포기했다. 이젠 더 이상 포기해야 할 그 어떤 것도 남아있지 않았다. 오직 달린과 내 자신뿐이었다.

잠이 들었다가 갑작스런 충격에 놀라 눈을 떠 보니 내 몸이 차 안에서 마치 송이 뭉치저림 심하게 뉘뒹굴고 있었다. 차가 고속도로 아래로 굴러 떨어지며 금속과 유리가 부서지는 날카로운 소리를 내는 동안, 내 머리와 몸은 차 안에서 고통스럽게 부딪히며 일그러졌다.

순간 나는 차창을 통해 허리까지 차 밖으로 튕겨져 나와 차도에 얼굴을 부딪쳤고, 급기야는 차가 내 위로 덮치려고 했다. 차에 몸이 짓이겨질 것 같아 길바닥에 손을 대고 가까스로 차 안쪽으로 몸을 밀어 넣으려 애썼다. 하지만 나는 그 순간 기절했다.

의식을 되찾고 보니 나는 차 밖에 나와 있었고 주위는 온통 잔해와 먼지로 뒤덮여 있었다. 보이는 것이라곤 이제껏 내가 본 것 중 가장 황량하고 쓸쓸한 사막뿐이었다. 집 한 채, 나무 한 그루 보이지 않았다. 온통 혼란스럽고 막막하기만 했다. 모든 것이 낯설었다. 그런데 갑자기 무엇인가 따뜻하고 축축한 것이 머리로부터 흘러 내려오기 시작했다. 손으로 닦으니 손 전체가 피범벅이 되었다. 머리는 통증으로 깨질 듯 아팠고, 도대체 내가 그 잔해 속에서 무엇을 하고 있었는지 전혀 생각할 수가 없었다.

왼편에는 부서진 차의 파편들이 쌓여있었고, 주변엔 살림살이였던 소지품과 옷가방들이 부서지거나 열려서 셔츠며 속옷, 양말 등이 길바닥에 잔뜩 나뒹굴고 있었다.

나는 순간적으로 무슨 일이 일어났는지 생각해 보려고 애썼다. 그 힘들었던 회의… 밤새도록 운전하던 일… 잠자려고 뒷좌석으로 들어갔던 때… 그때 달린이 운전하고 있었는데…. 여기까지 생각이 미치자 가슴이 철렁 내려앉았다. 달린! 달린! 정신없이 무릎으로 기면서 달린을 찾았다. 달린은 어떻게 된 걸까? 그러다 몇 미터 떨어진 곳에서 무거운 옷가방에 얼굴이 짓눌린 채 꼼짝도 하지 않는 그녀를 발견했다.

"달린!" 나는 아내의 이름을 외쳐 부르며 그녀 쪽으로 있는 힘을 다해 기어갔다. 그런데 그녀를 본 순간 하늘이 무너지는 것 같았다. 옷가방을 치우자 그녀의 머리 뒤쪽으로 깊이 패인 상처가 눈에 들어왔다. 조심스레 그녀를 바로 눕혀 보니 이미 호흡은 멎어 있었고 눈은 동공이 확장된 채로 고정되어 있었다. 온통 멍들고 피로 물든 그녀의 머리를 무릎에 안고 그녀를 흔들어 깨워 보았다. '아, 이미 죽었구나!'라고 생각하자 눈물이 쏟아졌다.

고모의 동업 제의와 확실한 장래가 보장되는 교단의 목사직을 포기했을 때 '나는 아주 많은 것을 잃었다.'고 생각했었다. 그러나 지금은 순식간에 모든 것을 다 잃어버렸다. 차는 완전히 부서졌고, 우리의 모든 소유물은 사막의 먼지 속에 흩어져 버렸다. 게다가 내게 가장 소중한 사람까지도 죽고 말았다.

나는 널려 있는 잔해들을 둘러보았다. 그것은 마치 우리의 삶을 말해 주는 것 같았다. 모든 게 사라졌다. 갑자기 세차게 불어 닥친 모래 바람에 얼굴이 따끔거렸다.

그런데 적막한 사막 한복판의 노로 위에서 그 다음에 일어난 일은 이성을 초월하는 것이었다. 살아 있는 생명체라곤 아무것도 없는 그곳에서 내 이름을 크게 부르는 한 음성이 있었다.

"로렌!"

나는 주위를 둘러보았다. 그리고는 비록 이전에 내 귀로 직접 그분의 음성을 들어본 적은 한 번도 없었지만, 그것이 곧 하나님의 음성이라는 것을 깨달았다. "네, 주님!" 감정이 북받쳐 갈라진 목소리로 대답했다. "로렌, 이래도 여전히 나를 섬기겠니?" 하나님이 물으셨다. '왜 이렇게 물으시지? 이제 내겐 더 이상 남아있는 것도 없고 오직 당신뿐인데.'

눈물이 가득 고인 채 청명한 사막의 하늘을 바라보며 대답했다. "예, 주님. 그래도 당신을 섬기겠습니다. 이제 제 인생에 남은 것이라곤 이 목숨밖에 없습니다. 이것도 당신께서 원하신다면 취하실 수 있습니다."

잠시 후 주님은 다시 내게 말씀하셨다. "달린을 위해 기도해라." 주님이 그 말씀을 하시기까지 나는 달린이 이미 죽었다고 생각했기에 기도할 생각조차 못하고 있었다. 나는 있는 힘을 다해 기도하기 시작했다. 그러자 갈라지는 듯한 숨소리가 한 번 났다. 놀랍게도 아직 의식을 차리지 못하고 있었지만 그녀는 숨을 쉬려고 애쓰고 있었던 것이다.

또 다른 일이 일어나기 시작했다. 소형 화물차를 몰고 그곳을 지나던 한 멕시코 사람이 우리를 발견했고, 즉시 인근에 있는 병원에 도움을 청하러 갔던 것이다. 한 시간이 조금 지났을까, 우리는 구급차에 실려 145킬로미터나 떨어져 있는 그곳에서 제일 가까운 병원으로 옮겨졌다. 우리를 실은 구급차는 사이렌을 울리며 약 시속 160킬로미터의 속도로 질주했고, 나는 점점 우리가 처한 상황을 이해하게 되었다. 달린이 실수로 고속도로를 벗어났고, 그 결과 멕시코 국경에서 불과 수 킬로미터밖에 떨어지지 않은 작은 도로에서 사고가 발생했던 것이다.

구급차 안에서 달린의 바로 옆에 앉아 있을 때, 하나님은 내 마음속에 또다시 말씀하셨다.

'달린은 괜찮아질 것이다.' 이 말씀이 내 마음에 섬광처럼 떠오르자마자 달린이 눈을 떠서 고개를 가볍게 돌려 나에게 미소를 보냈다. 후에 그녀는 자신이 그렇게 했던 것을 기억하지 못했다.

우리는 병원에 도착하자마자 응급실로 옮겨졌다. 머리에는 붕대가 감겼고 등에는 부목이 대어졌다. 달린과 나는 한 응급실에서 커튼을 사이에 두고 따로 있었지만 나는 달린이 의식을 회복했을 때를 알 수 있었다. 달린은 의식이 들자마자 내 이름을 간절히 부르기 시작했다. "여보, 나 여기 있소. 괜찮아?" 내가 커튼 사이로 말했다. 그녀는 내가 죽었을 것이라 생각하고 두려워했던 것이다.

달린은 머리와 허리에 상처를 입었다. 나 또한 허리를 다쳤고 온몸

1. 온 열방에 이르는 길 17

이 심하게 멍들어 있었다. 그러나 우리의 상처는 회복될 수 있는 것들이었다. 달린이 병원에서 퇴원하는 데는 며칠이 걸렸지만 나는 그날로 즉시 병원에서 나올 수 있었다. 뻣뻣하게 굳은 다리로 피 묻은 옷을 그대로 걸치고 신발도 신지 않은 채 걸어 나왔다. 내 신발과 우리의 물건들은 다 부서진 차 옆에 즐비하게 널려진 채 나를 기다리고 있었다.

후에 우리는 아주 깜짝 놀랄 만한 소식을 들었다. 우리가 사고를 당한 바로 그 시간, 로스앤젤레스 근교에서 부인들이 목요 아침기도회를 하고 있었는데 우리 부부와 우리의 하는 일을 아는 어떤 분이 "지금 이 시간 로렌과 달린 커닝햄 부부를 위해 기도해야만 할 것 같다."고 말해 모인 사람들이 우리를 위해 중보했었다는 것이다. 뿐만 아니라 바로 그날 아침에 북캘리포니아에 사는 버니스 코프 시에겔이란 자매는 점심을 먹는 대신 우리를 위해 기도하는 시간을 가져야겠다고 느껴 기도했었다는 것이다.

아마도 어떤 사람은 내가 그날 사막에서 실제로 하나님의 음성을 들었던 것은 아니었다고 의심할 수도 있다. 그 당시 나는 상당히 감정이 격해 있었기 때문에 어떻게 증명할 수도 없다. 전에도 나는 하나님이 나를 인도하시며 내 마음속에 말씀하시는 것을 여러 번 들었지만 그날만은 달랐다. 그의 자녀들에게 어떻게 말씀하시는지를 가르치시기 위한 것이 아니었음을 깨닫게 되었다.

그날 내 마음에 각인되듯 절실하게 깨닫게 된 것은 우리가 우리의 권리를 포기하고 내려놓을 때 비로소 하나님은 당신의 능력을 나타내신다는 사실이었다. 내가 모든 것을 잃었다는 것을 깨닫고 나서야 내 삶에서 내 것이란 아무것도 없다는 것을 인정하게 되었다. 나는 항상 내 차, 내 아내, 내 사역이라며 내 것을 주장했었다. 그 사고 이후, 이와 같은 것들이 얼마나 부질없고 순식간에 사라질 수 있는 것들인지를 처음으로 깨닫게 되었다.

우리가 소유하고 있는 모든 것들은 하나님이 우리에게 잠시 동안 맡겨 주신 것으로서 그분의 영광을 위해 사용하도록 주어진 것들이다. 이 새로운 깨달음은 나로 하여금 성경은 이 중요한 주제에 대해 어떻게 말씀하고 있는지 연구하도록 이끌었다.

또 성경을 통해 살펴보면서 이것은 내가 생각했던 것보다 훨씬 더 중요한 그 무엇이라는 것을 깨닫게 되었다. 이 깨달음은 내 삶을 크게 변화시켜 내 인생과 YWAM(Youth With A Mission, 국제 예수전도단)설립의 초석이 되었다. 결국 내가 성경에서 예수님의 삶을 통해 발견한 것은 간단히 말해 '승리의 비결은 곧 포기'라는 사실이었다.

이것은 사악한 영들과의 영적 전쟁을 포기하라는 말이 아니다. 오히려 그것과는 정반대이다. 나는 25년 넘게 YWAM의 사역을 하면서 여러 극적인 상황들을 통해 사탄의 엄청난 세력과의 영적 전쟁에서 승리하는 비결은 나의 권리를 하나님 앞에서 포기하는 것임을 깨달았다.

우리의 개인적인 권리들을 주님 자신과 주의 복음을 위해 맡겨 드릴 때, 우리는 온 세상을 유업으로 받는 비밀을 발견하게 될 것이다. 그리스도인이 이루고자 하는 것 가운데 이보다 더 중요하고 흥미진진한 것이 또 있을까?

02 맨발로 가라

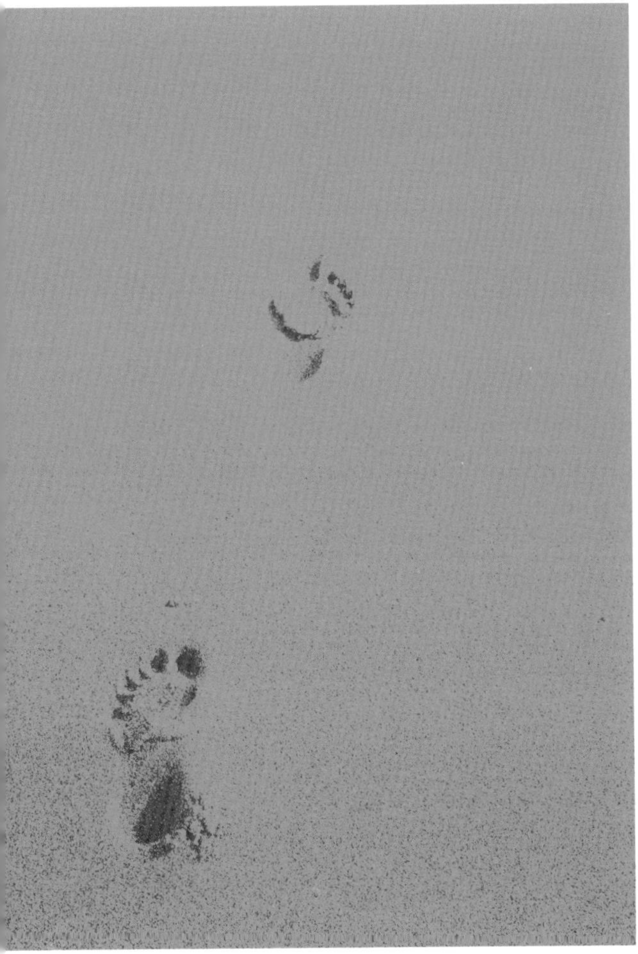

예수님을 맺으라 · Making Jesus Lord

맨발로 가라

나는 지난 10여 년 동안 하와이에 있는 YWAM의 아시아 태평양 기독교 대학(PACU, Pacific Asia Christian University, 지난 1988년 9월 University of the Nations로 개칭) 교정에서 지내면서 맨발로 걸어 다녔던 적이 많았다. 나는 집에 돌아오면 현관에서 신발을 벗어 던지는 것을 아주 좋아한다. 이곳에서는 아시아의 풍습에 따라 집 안에 들어갈 때 신발을 벗는 집들이 많다.

성경에 나타난 '신발을 벗는다.'는 표현은 매우 특별한 의미를 갖는다. 모세가 불타는 떨기나무 가운데서 하나님을 처음으로 대면했을 때, 하나님은 "네가 선 곳은 거룩한 땅이니 네 발에서 신을 벗으라."고 말씀하셨다.

다윗은 아들 압살롬의 반역으로 전쟁에서 패배한 뒤, 예루살렘을 떠날 때 맨발로 갔다. 예수님도 갈보리를 향해 맨발로 걸어가셨다.

그렇다면 이 맨발의 의미는 무엇인가? 그 당시 풍습에서 신발을 벗었다는 것은 곧 노예라는 표시였다. 모세는 하나님이 자신에게 신발을 벗으라고 했을 때, 그것이 무엇을 의미하는지 분명하게 알았다. 많은 노예들이 있었던 바로의 궁에서 자랐기 때문이었다. 노예에게는 어떠한 권리도 없다. 노예는 신발을 신지 못했다. 불꽃같이 타는 하나님의 임재 앞에서 하나님의 종이 되어 그의 백성들을 구원해 내는 임무를 수행하기 위해 모세는 하나님으로부터 '네 권리를 포기하라.'는 부름을 받은 것이었다. 다윗은 맨발로 그의 성읍을 걸어 나감으로써 정복당한 왕의 굴욕을 보였다.

예수님은 우리에게 그의 앞에 있는 더 큰 목표를 이루시기 위해 그의 모든 권리를 포기하시는 최고의 모범을 보여 주셨다. 빌립보서 2장에 기록된 대로 자신을 "하나님과 동등됨을 취할 것으로 여기지 아니하시고 오히려 자기를 비워 종의 형체"를 입으셨다. 노예에게는 아무런 권리가 없다. 예수님이 우리를 위해 바로 그 노예가 되셨던 것이다.

예수님이 기꺼이 포기하셨던 권리들을 살펴보자. 그분은 무엇보다도 하나님이 되는 권리를 포기하셨다. 이 땅에 인간으로 오시기 위해 그 권리를 포기하셨던 것이다. 하나님의 아들이 죄악된 이 세상에 오시기 위해 하늘나라를 떠났다는 것을 생각해 보라!

그분은 정상적인 환경에서 출생할 수 있는 권리도 포기하셨다. 많은 사람들이 크리스마스 축제 때마다 예수님이 태어나셨던 상황을 미화시킨다. 하지만 아시아에 있어본 사람이라면 마구간이란 곳이 얼마나 축축하고 세찬 바람이 불어닥치며 가축들의 분뇨로 악취가 가득한 곳인지 알 것이다.

예수님은 또한 육신의 가족들과 함께 있을 수 있는 권리를 포기하셨다. 그분은 공생애를 위해 홀어머니를 뒤로하고 떠나야 했다. 예수님은 결혼해서 가정을 꾸릴 권리도 포기하면서 "여우도 굴이 있고 공중의 새도 거처가 있으되 인자는 머리 둘 곳이 없다."라고 말씀하셨다. 돈에 대한 권리도 포기하셨다. 한번은 설교하실 때 예화를 들기 위해 누군가에게 동전 한 닢을 빌리셔야 할 정도였다. 명예도 포기하셨다. 많은 사람들에게 예수님은 사생아로 알려졌고 멸시받는 동네에서 자라났다.

게다가 그는 당신의 종교 지도자들로부터 하나님의 아들에게 있어 최대의 모욕일 '귀신'이라는 말을 듣기도 했다. 예수님의 마음이 어떠셨을까? 더 나아가 그는 십자가에서의 죽음을 순종하기 위해 자신의 생명까지 포기하셨다. 더군다나 평범한 모양의 죽음도 아닌 그 당시 가장 극악한 범죄자에게 내려졌던 십자가형을 당했다. 그리고 남에게 빌린 무덤에 장사되었고, 그의 마지막 권리까지도 스스로 포기한 채 음부의 가장 깊은 곳까지 내려가셨다.

왜 예수님은 이 모든 권리를 친히 포기하셨는가? 먼저는, 우리를 하나님께 돌이키도록 하기 위함이었다. 하나님은 그에게 '모든 이름 위에 뛰어난 이름'을 주시겠다고 약속하시고, 또한 '모든 무릎이 예수의 이름 앞에 꿇게' 되리라 말씀하셨다. 그러나 거기에는 또 하나의 이유가 있다. 예수님은 우리가 어떻게 살아야 할 것인지를 모범으로 보여주신 것이다. 그래서 우리로 하여금 어떻게 사탄을 이길 수 있는지 알게 하셨다. 인간에게 주어진 가장 큰 임무, 즉 사탄에게 사로잡혀 있는 세상을 취하여 하나님께 돌려 드리는 임무를 완수하기 위한 전략을 가르쳐 주신 것이다. 예수님은 오직 복종을 통해서만 그들을 정복할 수 있다는 것을 실제로 보여주신 것이다.

예수님은 우리가 우리의 모든 권리를 포기하고 세상을 얻는 삶, 즉 맨발로 기꺼이 그를 좇는 삶을 살기 원하신다. 그런데 이 같은 승리의 삶, 그와 함께 다스리고 통치하는 삶은 우리 삶의 모든 영역에서 우리가 그분의 모범을 따라 살 때 가능한 것이다.

예수님은 마가복음 8장 34-35절에서 분명하게 말씀하고 계신다. "누구든지 나를 따라오려거든 자기를 부인하고 자기 십자가를 지고 나를 따를 것이니라 누구든지 자기 목숨을 구원하고자 하면 잃을 것이요 누구든지 나와 복음을 위하여 자기 목숨을 잃으면 구원하리라."

이 말씀이 어떻게 이루어질 수 있는가? 우리가 이미 하나님께로부터 받은 권리를 되돌려 드림으로써 가능하다.

성경은 각양 좋은 은사와 온전한 선물이 하나님께로부터 온다고 말씀한다(약 1:17). 하나님은 우리에게 가족이 될 권리, 물건을 가질 권리, 자유의 권리, 한 나라의 국민이 될 권리 등 많은 축복의 권리를 주신다. 이것은 모두 좋은 것들이다. 그러므로 우리가 마치 힌두교에서처럼 "모든 물질세계는 악하다."라고 하면 하나님의 진리를 좇지 않는 것이다. 불교에서처럼 이 세상의 것들로부터 돌아서는 길만이 도를 깨치는 길이 된다고 가르치는 것도 옳지 않다. 왜냐하면 하나님은 창조하신 세상을 보시고 "좋았더라"고 말씀하셨기 때문이다. 그리고 하나님은 당신과 당신에게 준 모든 것들을 바라보시며 "보기에 좋다."고 하신다. 그런데 이제 그분이 우리에게 이와 같은 권리를 되돌려 달라고 하시는 이유는 그것만이 우리의 사랑을 그분께 돌려 드리는 길이 되기 때문이다.

우리 집 아이들은 어렸을 때 "아빠, 아빠의 생일 선물을 사야 돼요. 돈 좀 주세요."라고 내게 요구하곤 했다. 사실 그때 나는 생일 선물의 값을 내가 치른 것이나 마찬가지였다. 그렇지만 그것보다 더 중요한 것은, 내가 아이들에게 돈을 줌으로써 아이들은 선물을 사서 내게 줄 수 있었고 그것으로 내게 자신들의 사랑을 되돌려 주었다는 점이다.

하늘에 계신 하나님 아버지도 마찬가지다. 우리가 가진 것 중에서 그분이 주지 않으신 것은 아무것도 없다. 그래서 하나님은 단지 우리가 당신께 기꺼이 드리는 것을 통해 당신을 향한 우리의 사랑을 나타내 보이기를 원하시는 것이다.

하나님은 이 세상, 아니 온 우주를 소유하고 계신 분이지만 그분이 우리에게 복으로 주신 그것들을 우리가 다시 드리는 것은 곧 우리의 사랑의 표현이 하나님 아버지를 기쁘시게 하기 때문이다.

하나님이 어떤 것을 포기하라고 하시는 이유는 우리에게 무엇인가 더 큰 것을 주시기 위해서다. 이것이 하나님 나라의 법칙이다. 즉, 어떤 좋은 것을 포기하면 무엇인가 더 귀한 것을 받게 된다. 당신이 당신의 권리를 포기하면 분명 하나님 앞에서 더 큰 특권을 부여받게 될 것이다.

야곱은 하나님과 겨루어 환도뼈가 부러졌지만, 후에 그를 통해 한 나라의 국무총리가 나와 그 민족의 지도자가 되었다. 그렇지만 정작 야곱은 여생을 절뚝거리며 살아야 했다. 하나님의 강한 사람들은 모두 한결같이 이와 같은 과정을 경험했다. 당신 인생을 향한 하나님의 더 큰 목적을 놓치고 평범한 사람으로 살아가느냐, 아니면 절뚝거리더라도 한 나라를 이끄는 지도자가 되느냐의 선택은 바로 당신 자신이 하는 것이다.

하나님은 여호수아에게 약속하셨다. "너희 발바닥으로 밟는 곳은 모두 내가 너희에게 주었노니…"(수 1:3). '신발'이 아니라 '발바닥'이라고 말씀하셨다. 맨발이 되는 것은 겸손의 표시로, 나의 모든 권리를 포기했음을 말하는 것이다.

하나님은 맨발로 행하는 자에게 다시 오실 만왕의 왕, 만유의 주

되시는 우리 예수님과 함께 열방을 소유하고, 다스리고, 통치하는 권세를 약속하셨다. 하나님은 또 우리에게 이 모든 것보다 가장 큰 특권, 즉 하나님 나라를 위해 이 세상을 취하는 것을 약속하셨다.

03 사랑하는 이들을 내려놓을 때

무신론 빗으라 · Making Jesus Lord

사랑하는
이들을
내려놓을 때

하나님이 우리에게 주시는 가장 귀한 선물 중 하나는 가족의 일원이 되는 권리다. 이 세상에 태어나는 모든 어린아이들을 바라보시는 하나님의 마음은 그들이 하나님 아버지의 독특한 창조물로서 그들 안에 있는 모든 가능성이 잘 드러나도록 양육해 줄 수 있는 부모를 갖는 것이다. 이것이 곧 하나님의 뜻이다.

 하나님은 우리 각 사람이 가정에 생존해 계신 분들, 또는 이미 돌아가신 분들로부터 우리가 누구인지에 대한 자존감과 사랑, 안정감을 갖게 되기를 원하신다. 하나님은 우리가 우리의 근원에 대해 알기를 원하시는 것이다. 그렇기 때문에 나는 하나님이 성경에 많은 부분을 할애해서 혈통의 계보를 기록하셨다고 생각한다. 그 장황한 계보를 통해 우리로 하여금 조상에게 물려받은 것들을 무시하거나 거절하지 않기를 원하시기 때문이다. 그래서 우리의 가족들이 어떤 분들인지 알며 그들이 우리에게 물려주신 아름다운 것들은 어떤 것인지 발견하고, 이들을 주신 하나님께 감사하는 것은 의미 있는 일이다.

더 나아가, 하나님은 남자와 여자가 머리 되신 하나님 앞에서 하나 되어 사랑의 조화를 이루는 결혼생활을 통해 하나님의 사랑과 하나 됨의 아름다움을 잘 나타내 주길 원하신다. 이것이 에덴동산에서 남자가 독처하는 것이 좋지 못하다고 하시면서 허락하신 하나님의 선물인 것이다.

자녀는 하나님이 부모에게 주신 선물이며, 젊었을 때에는 부모의 기쁨이 되며 노년에는 부모에게 도움이 된다. 하나님은 부모에게 자녀를 경건하게 양육할 권리와 특권을 주셨다. 결혼과 가족은 개인의 안정된 사회생활을 위해 하나님이 두신 초석이다.

하나님께서는 세상에 가득한 사탄의 모든 악한 영향으로부터 가족이 방파제 역할을 하도록 계획하셨다. 죄로 가득한 세상 때문에 우리가 매일 직면하는 영적 공격으로부터 우리를 보호하게 하신 것이다. 이것이 바로 하나님 아버지께서 주신 선하고 온전한 선물이다. 그렇지만 하나님은 이러한 귀한 선물을 하나님보다, 또한 그의 사역보다 사랑하기를 결코 원하지 않으신다. 흔히 우상이라 하면 우리는 이교도들이 사는 곳 또는 불상처럼 무엇인가 새겨져 있는 조각을 연상한다. 그러나 눈에 보이는 것뿐만 아니라 우리가 하나님보다 조금이라도 더 사랑하고 섬기는 것이면 무엇이나 우상인 것이다. 당신의 이

내나 남편, 자녀들, 또는 당신의 부모도 당신의 우상이 될 수 있다.

디모데전서 5장 8절을 들어 "자기 가족을 돌보지 아니하면 불신자보다 더 악한 자라고 말씀하지 않으셨습니까?"라고 반문하는 사람이 있을지도 모르겠다. 그건 분명 그렇다. 우리는 결코 우리 가족에 대한 의무를 저버려서는 안 된다. 하나님은 결코 우리에게 복음을 위해 아내나 남편, 자식들을 버리라고 요구하지 않으신다. 연로하신 부모님을 돌보아야 할 의무를 저버리는 것이 하나님의 뜻은 더더욱 아니다. 그분은 오히려 하나님의 일을 한다고 하면서 부모를 도와드리는 의무를 저버린 바리새인들의 뻔뻔스러운 이기심을 지적하셨다(막 7:11). 이것을 간단하게 다음과 같은 수학 등식으로 표현할 수 있다.

책임-권리=하나님과의 관계의 상급

하나님은 우리가 가족에게 무책임한 것을 결코 원하지 않으신다. 대신에 가족들을 향한 우리의 사랑과 그들과 함께하고자 하는 우리의 마음을 하나님 앞에 드리기를 원하신다. 즉, 하나님을 향한 사랑과 그의 부르심에 대한 순종이 부모님이나 결혼, 자녀들이나 다른 어떤 것보다 우선 되어야 한다는 것이다.

이와 같은 선물들은 하나님이 우리를 향해 두신 더 큰 목적들을 위해 그분께 드려져야 하는 것이다.

아래의 성경 구절들을 묵상해 보자.

"아버지나 어머니를 나보다 더 사랑하는 자는 내게 합당하지 아니하고 아들이나 딸을 나보다 더 사랑하는 자도 내게 합당하지 아니하며"(마 10:37), "무릇 내게 오는 자가 자기 부모와 처자와 형제와 자매와 더욱이 자기 목숨까지 미워하지 아니하면 능히 내 제자가 되지 못하고"(눅 14:26).

누가복음의 이 말씀은 특히 초신자들이 부담스러워 한다. 하나님은 정말 우리가 부모님이나 배우자, 자녀들, 심지어는 우리의 목숨까지도 '미워하기'를 원하시는 것일까? 아니다. 예수님이 이렇게 말씀하신 것은 하나님을 사랑하라는 것을 그만큼 강조하기 위해 과장해서 표현하신 것이다. 우리가 하나님을 열심히 사랑해서 다른 소중한 것들에 대한 우리의 사랑을 하나님에 대한 사랑과 비교해 보았을 때 마치 '미워'하는 것처럼 보일 정도로 그분을 사랑해야 한다.

과거에 이에 관한 생각들 때문에 여러 번 갈등을 겪었다. 나는 부모의 사역 때문에 하나님에게 원망과 분노를 품은 채로 성장한 복음주의자나 목사, 선교사의 자녀들을 알고 있다. 전임 사역자 가정에서 성장한 내 친구들의 대부분은 더 견고한 그리스도인이 되었고, 이들 중 많은 이들은 부모의 뒤를 좇아 사역자의 길을 가고 있다. 그렇지만 소수의 그렇지 못한 이들을 보면서 제기되었던 질문들이 때때로 나를 괴롭히면서 여전히 내 마음에 남아있다.

우리 가족의 친구인 한 부부는 아프리카에서 오랫동안 선교사로 사역한 후 자신들의 아들이 하나님을 떠나버리는 비극을 경험했다. "나는 수천의 아프리카 사람들을 예수님께 인도했지만 내 아들은 잃었다."라며 고통스럽게 울부짖던 그 아버지의 음성이 아직도 내 귀에 생생하다. 훗날 그 아들은 회개하고 돌아와 복음 사역자가 되었지만 아직도 그 질문은 남아있다. 사역에 대한 열심과 헌신이 우리의 자녀들에게 해를 끼치는 것일까?

딸 캐런이 아장아장 걷기 시작했을 때 나는 이 문제로 씨름하였다. 나는 선교단체와 관련된 일 때문에 몇 주씩 집을 떠나있을 때가 많았다. 스위스 로잔에서 첫 번째 국제 예수전도단 훈련학교를 했을 때 우리는 학교 바로 옆에 있는 작은 아파트에서 살고 있었는데, 그때 나는 대부분의 시간을 기차나 비행기를 타고 다니는 일로 보냈다.

나는 서유럽의 교회들을 돌며 말씀을 전하거나 우리 선교단체가 진행하고 있는 일들을 나누는 것 외에도 동유럽의 나라들을 방문하여 말씀을 전하고 때로는 성경책을 나르는 일을 하기도 했다. 물론 그 일은 위험이 따르는 일이었고 염려도 되었다.

하나님의 음성을 듣고 하는 일이었지만 만약 내가 체포당하면 어떡하지? 달린과 아이들은 누가 돌볼까? 과연 지금 나는 가장으로서의 책임을 다하고 있는 것일까? 내가 집에 없는 이 기간은 어떤가? 내 삶을 향한 하나님의 부르심에 순종하는 동시에 좋은 아버지요,

남편이 될 수는 없는가? 하는 질문들을 내 자신에게 끊임없이 던지곤 했다.

한번은 캐런이 13개월째에 접어들었을 때 여행에서 돌아왔는데, 딸 아이가 나를 알아보지 못했다. 캐런은 내 친구의 팔에 안겨서 아빠인 내게로 오려고 하지 않았다. 캐런이 너무 어려서 그렇다는 것을 머리로는 알았지만 마치 내 가슴은 칼로 도려내는 것처럼 아팠다.

몇 년 뒤, 내가 여행을 떠나게 될 때마다 나와 떨어지지 않으려고 하는 일종의 불안과 두려움이 캐런과 데이비드에게 생겨나는 것을 알았다. 내가 집에 없을 때였다. 이제 겨우 두 살밖에 안 된 데이비드가 머리 위로 지나가는 비행기를 손가락으로 가리키며 "우리 아빠를 내려 놔"라며 소리쳤다고 한다.

이런 적도 있었다. 여행에서 돌아온 바로 그날, 나는 손님을 모시러 또다시 공항에 나갔다. 그때 네 살이었던 캐런이 엄마에게 아빠는 어디 있냐고 묻더란다. 달린은 아무 생각없이 "응, 아빠는 공항에 가셨어."라고 대답했다. 금세 캐런의 눈에서 눈물이 흘러내려 달린이 "캐런, 아빠는 손님을 모시러 가셨어. 멀리 가신 게 아니란다."라고 하자 캐런은 얼른 눈물을 닦고는 아무 일 없었다는 듯 "눈에 뭐가 들어갔나 봐."라고 활기차게 말하더라는 것이다.

이 모든 것들이 너무 힘들게만 여겨졌다. 내 자신이 목사의 아들로 성장했기 때문에 '사역이 먼지'라는 사실은 알고 있었다. 어렸을 때 기억 중 가장 먼저 떠오르는 것은 부모님이 애리조나의 작은 한 마을에서 교회를 개척하시느라 마을 어귀에 천막집을 짓고 살았던 기억이지만, 나는 그때 한 번도 하나님을 떠나거나 거역하지 않았다.

우리는 종이 상자로 장롱을 대신했고, 통조림 뚜껑으로 접시를 대신했다. 아버지와 어머니는 매일 진흙을 개어 벽돌을 만드셨다. 말 그대로 먼지와 땀으로 교회를 세우신 것이다. 그렇지만 나는 자라면서 가난하다고 느껴본 적이 없었다. 오히려 나의 부모님은 내게 복음과 사역에 대한 사랑을 심어주셨다. 이것은 내게 특권이었지 희생은 아니었던 것이다.

그렇다면 내 안에 밀려드는 아내와 아이들에게 미안한 마음과 내 자신이 무엇인가 잃어버리고 있는 듯한 이 엄청난 상실감을 어떻게 감당해야 하는가? 집을 떠나 있는 것이나 가족들과 헤어지는 것이 점점 더 두려워졌다.

어느 해 이른 봄, 여느 때와 마찬가지로 선교여행을 마치고 돌아왔을 때였다. 달린은 캐런에게 따뜻한 옷을 입혀서 유치원에 보내고 데이비드에게도 따뜻한 옷을 입혀 밖에서 놀 수 있도록 내보냈다.

그러는 동안 나는 작은 거실에 앉아 창문을 통해 아직은 파릇한 싹이 돋지 않은 잔디 위에서 장난감 트럭을 가지고 뛰놀고 있는 포동포동한 데이비드의 모습을 바라보고 있었다. 지난 몇 주 내가 집에 없는 사이에 아주 많이 자라 있었다. 나는 다음 여행을 떠나기 전에 가족들과 며칠이나 함께 보낼 수 있는지 세어보기 시작했다. 여전히 얼마 안 되는 시간이었다. 왜 가족과 함께 지내는 것이 이렇게도 어려운걸까.

그때 달린이 내 옆에 다가와 앉으며 이야기를 건넸다. "로렌, 난 그동안 우리가 떨어져 있어야만 하는 것에 대해서 많이 기도해 오고 있었어요." "그래 여보, 나 역시 기도하고 있었소." 나는 그녀가 얼마나 나를 그리워하고 있는지 알고 있었다. 내가 철의 장막인 공산권 국가에 갈 때면 그리움 위에 걱정마저 더해진다는 것도.

"로렌, 우리가 떨어져 있는 것을 어렵게만 여길 게 아닌 것 같아요. 하나님은 분명히 이 상황 전체를 어렵고 힘들게만 느껴지지 않게 우리가 무언가 배울 수 있는 열쇠를 가지고 계시다고 생각해요."

달린은 자세를 바로잡고 내가 없는 동안 한 동역자와 나누었던 대화에 대해서 이야기하기 시작했다. 달린은 우리 단체의 젊은 지도자 중 한 사람인 조 포탈리를 신임하였다.

달린이 조에게 말했다. "주님은 당신이 이 세상에 계실 때 직접 경험하지 않으신 힘든 일을 우리에게 허락하시는 분이 아니시죠. 당신 스스로도 포기하지 않으신 것을 우리에게 포기하라고 요구하지 않으시는 공의의 하나님이시니까요."

그런데 문득 달린에게 한 가지 의문이 들었다. 그래서 조에게 우리가 떨어져 있게 될 때마다 겪는 이 감정들을 주님이 어떻게 이해하시겠느냐고 물었다. "예수님은 결혼한 적이 없으시잖아요? 그러니 이러한 시험을 받을 필요도 없으셨겠죠? 예수님은 또 가장 가까운 분이신 하나님과 떨어져 계시지도 않으셨어요. 예수님은 이 땅에 계실 때 '나와 내 아버지는 하나'라고 하셨잖아요."

그러자 조는 달린에게 주님이 어떻게 가장 가까운 가족과 헤어지는 아픔을 경험했는지 들려주었다.

"예수님은 십자가에서 '나의 하나님, 나의 하나님, 어찌하여 나를 버리시나이까?' 하며 울부짖으셨어요. 이 세상의 모든 죄를 짊어지고 가실 때 아들이신 예수님은 영원이래 처음으로 아버지와 분리되는 아픔을 경험하셨던 것이지요. 우리의 죄가 예수님을 하나님 아버지와 분리시켰고 예수님은 거기서 오는 엄청난 외로움과 고통을 울부짖으셨던 거예요."

달린은 눈에 눈물이 가득 고인 채 내게로 다가오며 말했다. "주님은 우리가 얼마나 서로를 그리워하는지 아세요, 로렌. 그분 역시 이 아픔을 경험하셨잖아요." 나는 그녀의 좁은 어깨를 감싸안았다. 맞다, 그분도 그러셨다.

우리는 스위스에 있는 그 조그만 거실에서 서로 붙잡고 기도했다. 우리는 하나님이 말씀하시면 어디든지—가족을 함께 보내시든지, 아니면 각각 보내시든지-가겠다고 결단하면서 함께 있으려는 우리의 권리를 하나님께 드렸다. 또한 아이들이 태어났을 때 기도했던 것처럼 그들이 우리의 것이 아니라 하나님의 것이라고 다시 한 번 고백하며 캐런과 데이비드를 위해 기도했다. 우리는 그들에 대한 책임이 있지만, 기꺼이 그분의 손에 맡기며 그들의 삶을 책임져 주실 하나님을 온전히 신뢰했다.

그렇게 우리가 거실에서 함께 기도한 며칠 뒤, 우리는 아주 깜짝 놀랄 만한 선물을 받았다. 한 친구가 우리 가족이 쓸 수 있는 차를 한 대 준 것이다. 그리고 네덜란드에서 어떤 분이 전화를 해 아주 싼 가격에 살 수 있는 여행용 트레일러(자동차로 끄는 여행용 이동가옥)를 알려주었다. 뒤이어 그 트레일러를 살 수 있는 정확한 액수의 돈이 담긴 편지를 받았다. 이 선물들은 마치 주님의 손으로 직접 받은 것처럼 여겨졌다. 그분은 우리의 포기하는 기도를 들으시고 그의 사역을 위해 내가 여행할 때 우리가 좀 더 함께할 수 있도록 길을 열어주셨던 것이다.

하나님은 또한 우리가 마땅히 취해야 할 다른 태도들도 가르쳐 주셨다. 그것은 트레일러가 있어도 나 혼자 가야 할 경우를 대비한 일이다. 아이들은 어렸지만 우리는 그들이 나름대로 포기하는 법을 배우기를 원했다.

달린은 아이들에게 내가 다음 여행을 떠나기 전에 하나님이 아빠에게 하라고 하신 중요한 일-설교를 하거나, 예수님에 대해 이야기하는 것-이 어떤 것인지에 대해 설명해 준다. 그러면 여행용 가방을 문 옆에 세워둔 채 달린과 아이들이 내게 손을 얹고 이 특별한 임무를 잘 수행할 수 있도록 중보기도를 해주었다. 두 살짜리 데이비드는 그 어린 목소리로 "하나님, 아빠가 설교를 잘할 수 있도록 도와주세요."라고 기도했다.

이런 일은 모든 것을 변화시켰다. 이를 통해 우리 넷은 한 팀이라는 의식이 생겼고, 그들은 나를 파송하는 파송자로 변했다. 그래서 내가 여행 가방을 들고 섰을 때도 헤어지는 것에 대한 두려움이 사라졌다. 아이들이 떨어지지 않으려고 매달리는 일도 없어졌다.

나중에 내가 탄 비행기가 제네바 공항을 이륙한 후 나는 그 변화에 대해서 생각해 보았다. 그때 나는 우리가 늘 따로 떨어져 있는 것에 대해서 아이들이 그렇게 싫어했던 것은 단순히 내 자신이 갖고 있던 태도가 그들을 통해 투영된 것에 지나지 않았음을 깨달았다. 내가 이 부분에 대해서 나의 권리를 포기했을 때 네 살과 두 살인 우리 아이들은 평안해졌고, 정서적으로도 안정되었다. 나는 우리 온 가족이 하나님의 손 안에 있다는 것과 그분이 우리를 기꺼이 돌보신다는 새로운 차원의 안정감을 갖게 되었다.

나는 원망하는 마음을 가진 자녀들과 목사나 선교사의 자녀에 대해서 다시금 생각해 보았다. 그런 자녀들의 반응은 단지 부모가 갖고 있는 감정이 자녀들을 통해 투영된 것이 아닐까? 그들은 부모로부터 예수님을 섬기는 것이 삶의 특권임을 들어본 적이 있었을까? 안타깝게도 오로지 그들이 치른 희생에 대해서만 들었던 것은 아닐까?

그 다음 몇 달 동안 주님은 좀 더 실제적인 지침들을 보여주셨다. 열왕기상 5장 14절 말씀을 통해 우리가 세워야 할 계획들에 대해서 말씀하셨다. 주님이 솔로몬에게 성전을 지으라고 말씀하셨을 때 그분은 솔로몬에게 성전의 청사진과 실제 건축할 사역자들의 지침을 주셨다. 북쪽에서 레바논으로 성전을 건축하기 위해 돌을 캐러 가는 사람들은 한 번에 한 달씩만 일하게 하였다. 그리고 다시 하나님의 성전을 건축하기 위해 돌아가기 전 두 달 동안은 가족이 있는 가정으로 돌아가게 했다. 그래서 나는 한 번에 30일 이상은 결코 집을 떠나있지 않고, 1년 동안 집을 나가 있는 시간이 4개월이 넘지 않도록 하는 것을 하나님의 원칙으로 삼았다.

우리가 이것에 우선순위를 두고 지키기 위해서는 수년 동안 수천 달러의 비용이 더 필요했다. 왜냐하면 다음 사역지가 지금 막 사역을 끝낸 지역과 같은 대륙에 있음에도 불구하고 단지 이 원칙을 지키기 위해 지구 반대편에 있는 집으로 돌아가야 할 때도 있었기 때문이다. 그리고 때로는 하나님이 한 사람이 아닌 네 사람의 비행기 표를 공급해 주시리라 믿으며 온 가족을 데리고 가야 하는 때도 있었다.

이것이 어리석게 돈을 지출하는 것일까? 아니다. 하나님이 가족에게 두신 우선순위를 생각한다면 그것은 어리석은 낭비가 아니다. 차나 집 같은 것을 소유하지 못할 때에도 하나님은 우리가 가족으로서 함께할 때 필요한 돈을 언제나 신실하게 공급해 주셨다.

YWAM에 있는 모든 사람과 마찬가지로 달린과 나는 월급을 받지 않는다. 하나님은 대개 친구들을 통해서 우리의 필요를 공급해 주셨다. 때때로 하나님은 극적인 방법을 사용하셔서 우리의 필요를 공급하셨는데 이는 하나님이 우리가 함께하는 것에 대한 중요성을 강조하시는 방법이었다.

어느 해 겨울, 우리가 하와이에서 YWAM 학교를 시작하던 때였다. 나는 유럽, 태국, 싱가포르, 호주에서의 순회 사역을 위해 두 달 동안 집을 떠나야만 했다. 이것은 이전에 우리가 세웠던 원칙, 즉 한 번 집을 떠날 때 연이어 30일을 넘기지 않겠다고 한 약속을 깨뜨리는 것이었다. 그렇지만 그때 나는 달린과 아이들을 데리고 갈 만큼의 충분한 돈이 없었다. 사실 나 혼자만의 여비도 다 채워지지 않은 상태였고 호주 멜버른까지 겨우 갈 수 있을 정도였다.

달린과 나는 이것에 대해 함께 나누고 기도했다. 만약 달린과 아이들을 호주에서 만날 수 있다면 우리가 헤어져 있는 시간이 반으로 줄 수 있지 않을까? 다시 기도했을 때 주님이 우리에게 돈을 주실 거라는 확신이 들었다. 우리는 어떤 방법으로든 하나님이 달린과 아이들을 위한 길을 마련해 주시고 내게도 또한 멜버른에서 다시 하와이로 돌아올 수 있는 충분한 돈을 공급해 주실 것이라고 믿었다.

그 기도를 마친 직후 100달러가 우편으로 들어왔지만 그때 마침 국제 YWAM에서 함께 사역하고 있던 폴 호킨스가 다른 곳으로 선교 여행을 떠나려고 하던 참이었고, 그 100달러를 그에게 헌금하라는 마음을 주셔서 그렇게 했다. 결국 나는 유럽으로 가는 편도 비행기 표만 가지고 떠났다.

며칠 후 달린이 또 100달러가 들어왔다며 연락을 했다. 그녀는 그 돈 역시 다른 필요한 사람에게 줘야 한다는 생각이 들었다고 덧붙였다. 달린은 또 수년 동안 전혀 소식을 듣지 못했던 친구에 대해서도 이야기했다. 그 친구는 시카고에서 사업을 하고 있는데 어느 날 전화를 걸어 우리가 아직도 하나님을 위해 살고 있는지, 어떻게 지내고 있는지, 또 앞으로도 우리가 계속적으로 이 일을 할 것인지에 대해 물었다고 한다.

달린은 질문에 대답을 하면서도 왜 그가 오랫동안 소식 없이 지내다 몇 년 만에 전화를 했는지 궁금해했다. 그 사람은 하나님이 자신에게 무엇인가를 하라고 말씀하셔서 그냥 우리에게 전화해 본 것뿐이라며 전화를 끊었다고 한다. 그것이 전부였다.

며칠 뒤 달린은 이 사업가에게서 한 장의 수표를 받았다. 그것은 세 사람이 호주행 왕복 비행기 표를 살 수 있을 만큼의 액수였다. 그러는 동안 나는 태국의 한 교회에서 설교를 했는데, 그들은 서양인 선교사들에게 헌금을 하기보다는 그들로부터 헌금을 받는데 더 익숙해 있었다. 그런데 참석자 중 한 남자분이 일어서더니 나를 가리키며 나에게 헌금을 좀 해야 될 것 같다고 하는 것이 아닌가. 그때 나는 호주 멜버른에서 하와이로 돌아갈 수 있을 만한 액수의 돈을 받았다. 그리고 법적으로도 왕복 비행기 표가 없이는 가족을 만나러 호주에 갈 수 없었기 때문에 나는 더욱 마음이 놓이고 매우 기뻤다. 우리 네 가족은 사랑하는 하나님 아버지의 특별한 호의로 호주에서 만날 수 있었다. 그것이 벌써 수년 전의 일이다.

이제 우리 자녀들은 십대가 되었다. 캐런은 열아홉 살로 하나님의 부르심에 순종해서 여러 달 동안 홍콩과 대만에서 YWAM과 함께 일했다. 열일곱 살인 데이비드는 최근 한 모임에서 캐런과 함께 우리 부부를 감동시키는 연설을 했다. "아버지, 어머니, 캐런과 저는 두 분이 바로 저희들의 부모님이신 것에 감사드리고 싶습니다. 저희가 두 분을 필요로 할 때마다 두 분은 바로 거기에 저희와 항상 함께 계셨고, 하나님의 지상명령Great Commission을 이루어 가시는 동안에도 저희를 한 번도 옆으로 제쳐놓지 않으셨습니다. 두 분은 하나님의 전임 사역자일 뿐 아니라 전임 부모님이십니다!"

가족 관계 안에서도 인생의 다른 어떤 경우에서와 마찬가지로 하나님의 원칙들이 적용된다. 우리가 포기할 때에 비로소 이기는 것이다. 무엇인가 가지려고 하면 잃게 될 것이고 그것들을 하나님께 내어

드리면 얻게 될 것이기 때문이다.

만일 우리가 사랑하는 어떤 사람을 꼭 붙잡고 있으면 결국 나중에는 놓치게 될 것이다. 어떤 사람을 우리 삶의 최우선 순위에 놓으면 나중에 필경 잘못된 기대감이나 실망, 상처로 멀어지는 결과를 낳게 된다.

오직 하나님만이 우리 삶의 최우선 순위가 되실 수 있다. 다른 방법은 없다. 가족을 하나님께 드릴 때에 우리는 그들을 얻게 되는 것이다. 즉, 하나님과의 관계가 깊어지면 깊어질수록 우리는 가족들과의 관계에서도 더 나은 관계를 갖게 되는 새로운 상급을 얻게 되는 것이다.

독신인 사람이 이 책을 읽으면 '이게 도대체 나와 무슨 상관이 있지?' 하고 의아해할지도 모르겠다. 또 어떤 사람은 이미 성인으로서 자기 자신의 가정을 갖고자 하는 사람도 있을 것이다. 그렇지만 '권리 포기'라고 하는 열쇠는 당신에게도 동일하게 적용된다. 당신은 결혼할 수 있는 권리를 하나님께 드리고 지금 이때에 당신의 삶을 향한 하나님의 부르심을 붙잡아야만 한다. 그러면 하나님이 그분의 정확한 시간에 당신에게 맞는 배우자를 보내주시든지, 아니면 독신으로 그분을 섬길 수 있는 더 큰 특권을 허락해 주실 것이다.

나는 스물일곱 살까지 미혼으로 있으면서 복음주의 선교사로서 여러 나라들을 다니며 하나님을 섬기고 있었다. 나는 독신으로 있는 것이 너무나 싫었고 결혼을 간절히 원했었다. 에펠탑 꼭대기에 서서 파리의 전경을 내려다볼 때였다. 그 광경이 기가 막히게 아름다워 누군가에게 이야기하고 싶어 주위를 둘러보았지만 내 옆에는 아무도 없었다. 순간, 내가 혼자라는 사실을 절감했다.

신학교에 다니고 있었을 때 나는 고린도전서 7장에서 바울이 '독신으로 지내는 것도 하나님의 은사'라고 말한 구절을 발견했다. 나는 그때 하나님이 내겐 그 은사를 주지 않으시기를 간절히 바랐다. 그러는 사이 어떤 사람이 내 인생의 반려자로 적당할까 생각하며 몇 명의 자매들을 사귀어 보기도 했다. 나는 사역자에게 배우자가 꼭 필요하다고 생각했었다. 그리고 주위에는 언제나 매력적인 자매들이 많이 있었다. 그렇지만 무엇인가가 잘못되었다는 생각이 마음 한구석에서 떠나지 않았다. 나는 고린도전서에 있는 이 말씀이 나를 뺀 다른 사람에게만 적용되는 말씀이 아니라는 것을 깨달았다.

다시 이 말씀을 묵상할 때에 하나님이 소명을 위해 내가 독신으로 있기를 원하시는 것 같다는 생각이 들었다. 결국 나는 결혼하고자 하는 나의 권리를 하나님의 제단 위에 올려드렸다. 나는 '제단 위에 무엇인가를 올려드리는' 것은 '나의 권리를 포기합니다.'라고 고백하는 것과 같다는 것을 부모님께 배웠다. 나는 그 말씀 그대로 하나님 앞에 그 권리를 드리며 이렇게 말씀드렸다. "좋습니다. 만약 그것이 당신의 뜻이라면 저는 기꺼이 결혼하지 않겠습니다." 그런데 아주 놀라운 일이 일어났다. 내 안에 새로운 자유함이 생겨난 것이다! 나는 더 이상 '물색하는' 일에 사로잡히지 않게 되었고, 하나님이 내게 하라고 하신 일에 전념할 수 있게 되었다.

몇 개월이 지났다. 하나님이 부르신 일에 계속해서 순종하고 있을 때, 캘리포니아 레드우드 시에서 젊고 발랄한 금발의 아가씨를 만나게 되었다. 그녀 또한 그 즈음 결혼하고자 하는 마음을 하나님의 '제단에 올려드린 후였다. 하나님은 바로 그러한 우리 두 사람을 만나게 해 주신 것이었다.

어떤 사람들은 결혼에 대한 그들의 권리를 하나님께 올려드린다는 생각을 받아들이지 않는다. 많은 경우, 바로 '그 사람'을 스스로 찾느라 내적 평안과 쉼도 갖지 못한 채 살아가는 자신을 보게 된다. 그리고 친한 친구가 결혼해서 미혼의 위치에서 벗어날 때는 시기하고, 과거에 지나가 버린 기회들에 대해 아쉬워하면서 초조해한다.

결혼에 대한 권리를 하나님께 드려본 적이 없는 사람들은 결혼을 한다 해도 심각한 문제에 직면할 수 있다. 모든 부부들이 그렇듯이 살다 보면 그들에게도 갈등이 생겨나는데 그때 그들은 마음의 어려움을 당할 수 있다. '너는 하나님이 너의 배우자를 보여주실 것을 신뢰하지 않았잖아, 넌 네 짝이 아닌 사람과 결혼했는지도 몰라.'라고 참소하는 속사람의 소리를 듣게 될 수도 있는 것이다.

그러니 결혼에 대한 권리를 포기하고 하나님께 드리는 것이 얼마나 탁월한 선택인가? 하나님의 때에 하나님 보시기에 당신의 생의 반려자와 함께 있는 것이 그렇지 않은 것보다 더 만족스럽고 효과적이라면 하나님이 당신에게 맞는 '바로 그 사람'을 당신 자신과 그의 나라를 위해 당신에게로 이끌실 것이다.

어떤 경우에서든지 그리스도인으로서 당신의 결혼은 전적으로 그분의 뜻 안에서 이루어진다는 사실을 확신하기 바란다. 그리고 확실하게 말할 수 있는 것은 하나님은 당신을 위해 당신이 선택하는 것보다 훨씬 더 나은 사람을 선택하신다는 사실이다. 정말 그분은 그렇게 하시는 분이다. 내가 바로 그 일의 증인이다!

04 재정을 내려놓을 때

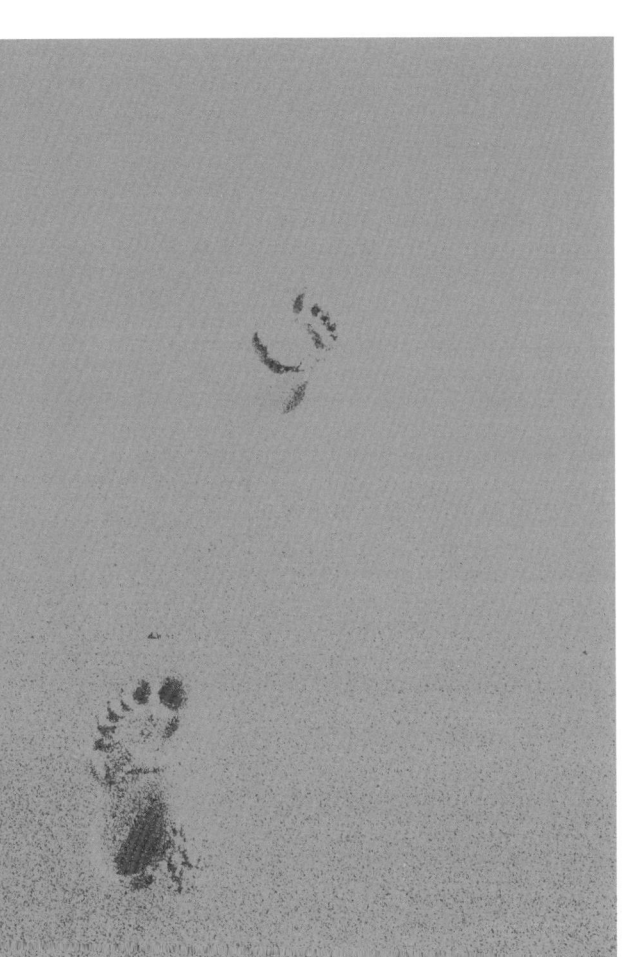

재정을
내려놓을 때

돈은 하나님이 주신 가장 유용하고도 선한 선물 중 하나다. 이 말에 놀랐는가? 돈은 일만 악의 뿌리 아닌가? 아니다. 성경을 다시 읽어 보자. 디모데전서 6장 10절에서 바울은 "돈을 사랑함이 일만 악의 뿌리가 되나니"라고 말한다. 하나님은 결코 '돈이 악'이라고 말씀하지 않으셨다.

그분은 우리에게 물질적인 것들을 소유하고 개인적인 재산을 가질 권리를 주셨다. 십계명 가운데 하나인 '도적질하지 말라.'는 곧 하나님이 개인의 소유권을 중요하게 여기신다는 것을 보여주고 있다.

어떤 이단들은 사람들이 이 권리를 갖는 것을 부인한다. 그래서 새신자가 올 때 그들의 모든 재산과 땅을 '하나님께 바치는 것'에 서명하라고 요구한다. 그들은 물질을 소유하는 것이 하나님을 기쁘시게 하지 못할 뿐더러 잘못된 것이므로 하나님을 기쁘시게 하기 위해서는 아무것도 소유하지 말아야 한다고 주장한다.

사탄이 하는 거짓말에도 낱알 만큼의 진리가 담겨있기는 하다. 하나님은 즐겨 내는 자를 사랑하시며, 역사를 통해 볼 때 예수님을 따르기 위해서 모든 것을 다 버린 그리스도인들이 있었기 때문이다. 그러나 하나님을 따를 수 있을 정도의 신앙이 되기도 전에 세상적인 모든 소유를 포기하라는 요구는 하지 못하게 해야 한다. 물론, 주님은 당신의 모든 것을 다 그분께 드리도록 인도하실지도 모른다. 그러나 당신이 소유하고 있는 모든 것을 다 준다 해도 당신 안에 있는 '기쁨'은 잃지 않도록 해야 한다.

1971년 달린과 내가 스위스 로잔에서 첫 선교사 훈련학교를 인도하고 있을 때, 하나님이 우리가 학교로 임대해서 쓰고 있던 호텔 건물을 구입하기 원하신다고 믿었다. 그것은 이제 생긴 지 얼마 안 된 우리 선교단체가 사려고 했던 최초의 부동산이었고, 이 일은 우리의 믿음을 상당히 신장시키는 경험이었다.

그 호텔을 사기 위해서는 수천 달러의 돈이 필요했다. 우리는 그 돈을 공급해 주시도록 기도했고 하나님을 신뢰했다. 그때 하나님은 우리 부부를 비롯해 간사, 학생들에 이르기까지 순종의 과정을 여러 단계 통과하게 하셨다. 그중의 한 단계로, 하나님은 나와 달린에게 우리가 소유하고 있는 모든 것을 다 내어놓으라고 요구하셨다.

몇 년 전, 부모님은 우리가 캘리포니아에 있는 집을 살 수 있도록 도와주셨다. 그래서 우리는 그 집을 세놓아 받는 돈으로 매달 생활비를 충당했다. 말하자면 그 집은 우리의 유일한 생활 밑천이었던 셈이다. 우리는 그 집을 팔아서 그 동안 진 빚을 정리한 후, 잔금과 그 당시 은행에 있던 모든 돈을 그 호텔 구입을 위해 다 드렸다.

하나님은 전 세계에 있는 친구들이 보내준 헌금에 우리의 작은 그룹이 긁어모은 돈을 합쳐 1971년 6월, 그 호텔을 구입하도록 하셨다. 이야기는 여기서 끝나지 않는다. 그 다음 15년 동안 우리 부부와 아이들은 어떤 때는 방 한 칸에서, 때로는 훈련 센터 안에 있는 2-3개의 방에서 살았다. 그렇지만 한 번도 우리가 집을 갖고 있지 않은 것에 대해서 희생이라고 생각한 적은 없었다.

그러다가 지난 1986년 초, 하나님은 우리가 집을 사는 것에 대해 말씀하셨다. 그러나 그때 우리는 집을 살 만한 능력이나 돈이 하나도 없었기에 그 말이 어이없게 들렸다. 그렇지만 하나님은 여러 가지 방법으로 우리가 우리의 집을 갖게 될 것에 대해 말씀하셨다. 잠언 13장 말씀을 통해 "선인은 그 산업을 자자손손에게 남긴다."라고 직접적으로 말씀하시기도 하셨다.

우리가 모르는 동안 텍사스 린데일의 훈련 센터에서 사역하는 YWAM의 젊은 사역자 메튜가 그의 리더인 릴랜드와 프랜 패리스에게 우리 선교단체 안에 있는 수천의 사역자들과 함께 돈을 모아 우리 가족에게 집을 구입해 주자고 제안했다고 한다. 전 세계에 있는

6,500명 이상의 전임 사역자들이 마음을 모아 실제적인 방법으로 우리에게 사랑과 존경의 마음을 보여 주자는 생각에서였다. 그들은 은행 구좌를 개설해서 수개월 동안 사랑의 헌금을 모았다. 그 다음에 있었던 일은 나 자신과 우리 온 가족에게 있어서 과분하면서도 가장 기쁜 시간이었다.

우리는 하와이 코나의 한 호텔 연회장에서 열리는 특별한 저녁 식사에 초대되었다. 7백 명 이상의 사람들이 '사은의 밤'에 참석했다. 많은 친구들이 우리를 향한 그들의 사랑을 통가어, 스와힐리어, 아랍어, 포르투갈어, 인도네시아어 등 여러 가지 언어로 표현해 주었다. 우리는 그 모든 것들에 너무나 감격하여 가슴이 터질 것 같았다. 그런데 그 순간 누군가가 우리를 위해 코나에 사둔 땅에 세울 아름다운 건축 조감도와 설계도를 가지고 나오는 게 아닌가! 우리는 너무나도 놀랍고 감격해서 울어야 할지 웃어야 할지, 어찌할 바를 몰랐다.

잠시 후, 그들은 연회장 옆으로 나 있는 이중문을 열었다. 거기엔 닛산Nissan의 새 세단이 준비되어 있었다. 그것은 20여 년 만에 처음 갖는 차였다. 달린은 게임쇼에서 우승한 사람처럼 기쁨에 겨워 소리를 질렀고, 나는 믿을 수 없어서 고개를 흔들었다. 그 저녁에 우리는 너무나 사랑하고 또 감사한 사람들에게 당황스러울 만큼 놀랍고 귀한 사랑과 감사를 받았다.

나중에 이것을 생각해 보면서, 하나님이 15년 전 우리 가족이 우리 선교단체의 첫 부동산을 구입하기 위해 우리가 갖고 있던 유일한 재산을 팔아 그분께 순종하였던 것을 갚아주시는 것임을 알았다. 하나님은 우리 부부에게 자녀들을 위해 무엇인가 물려줄 수 있는 것을 주셨던 것이다.

당신이 갖고 있는 모든 것을 그분께 드린다 해도, 하나님은 그것을 당신에게 어떤 모양으로든 되돌려 주어 당신이 주는 것에 대한 기쁨을 항상 누릴 수 있게 하실 것이다.

예수님은 다른 어떤 것보다 돈을 주제로 말씀을 많이 하셨다. 사실 복음서에 기록되어 있는 말씀 가운데 여섯 중 하나는 재정 문제에 관한 말씀인데, 예수님은 구원이나 교회, 하나님 나라에 관한 것보다 돈에 대하여 더 많이 말씀하셨다. 예수님은 왜 이렇게 돈에 대해 많은 주의를 기울이셨을까? 그것은 주님이 우리의 마음이 얼마나 지갑과 가깝게 연관되어 있는지 아시기 때문일 것이다. 마르틴 루터는 세상에서 가장 개혁하기 힘든 것은 사람의 속주머니라고 했다.

예수님이 하신 비유의 3분의 1은 돈 또는 재산에 관한 것인데 마태복음 25장에 있는 달란트 비유가 그중 하나다. 우리는 흔히 이 비유를 재능-피아노를 치거나 대중 앞에서 연설을 하는 것과 같은 능력-에 관한 것으로 인용하곤 한다. 그러나 우리는 이 말씀에서 예수님이 말씀하시는 것이 돈이었다는 사실을 기억해야 한다. 우리는 그것을 '금전의 비유'라고 부를 수 있다.

한 달란트는 약 34킬로그램 정도다. 이 달란트가 금으로 된 것이라고 가정했을 때 다섯 달란트를 맡은 하인은 오늘날로 보면 200만 달러 이상을 받은 것이다. 그 비유에서 강조하고 있는 것은 하나님이 우리가 자원을 지혜롭게 사용하여 하나님 나라를 위해 투자하기를 원하신다는 사실이다.

대부분의 그리스도인들은 소유권이 하나님이 주신 권리라는 것을 잘 알고 있다. 그런데 주는 것에 대해 기꺼이 하나님께 순종하는 것에는 우리의 소유권이 하나님으로부터 왔다는 것을 이해하는 만큼 행동이 따르지 못하는 것을 볼 수 있다. 그래서 우리는 전능하신 하나님을 섬기는 대신에 전능한 돈을 숭배하게 되는 것이다. 하나님은 우리에게 사랑해야 할 사람들과 사용해야 할 물건들을 주셨는데, 그와는 반대로 우리는 너무나 자주 물건들을 사랑하고 사람들을 이용한다.

아주 값비싼 스포츠카를 가지고 있는 어떤 사람이 있다고 하자. 그 사람이 그 차를 세차하고 광택을 내며 잘 보존하기 위해 얼마만큼의 시간을 보내는지 아는가? 주차할 때는 다른 사람이 자신의 비싼 차 옆으로 차문을 열어 차체에 흠을 낼까 봐 주차 공간을 두 곳이나 지나 사선 방향으로 차를 몰아 조심스럽게 세워놓는다. 그리고 특정한 정비소에서만 차를 맡기고 믿을 수 있는 곳에서만 세차한다. 이쯤 되면 사람이 차를 모는 것이 아니라 차가 사람을 부린다고 할 수 있지 않을까.

다른 사람의 무절제를 보고 비아냥거리기는 쉽다. 그렇다면 당신은 어떤가? 내 친구 중 하나는 어떤 사람의 가계부를 보면 그 사람이 무엇을 위해 사는 사람인지 알 수 있다고 했다. 예수님은 연보궤 앞에 서서 사람들이 연보하는 모습을 바라보셨다. 예수님이 이제 당신의 가계부를 보신다면 뭐라고 하시겠는가? 당신이 그분과 그분의 사역을 위해 물질을 드리는 모습은 어떨 거라고 생각하는가?

어떤 사람들은 이 모든 것이 나와는 상관없는 일이라고 할지도 모르겠다. 낙타가 바늘귀로 들어가는 것보다 어려운 것이 바로 '부자'가 천국에 들어가는 것이 아니던가? 어떤 이들은 "저는 항상 빈털터리인걸요. 저는 아직 학생이에요."라거나 "저는 실업자인데요. 하나님이 저 같은 사람에게 주라고 말씀하실 리가 없어요."라고 말할지도 모르겠다.

가난하기 때문에 하나님보다 돈을 더 섬기는 일은 없을 것이라고 자신하지 마라. 나는 1인당 평균 소득이 빈곤 기준선poverty level보다도 더 낮은 제3세계에서도 소유욕에 묶여 있는 사람들을 많이 보았다. 그런 곳에서는 포르셰(독일의 스포츠카) 대신 자전거 한 대가, CD 플레이어 대신 트랜지스터 라디오 한 대가 그들을 묶는 굴레가 될 수 있는 것이다. 가난한 사람들의 소유욕과 나누는 것에 대한 두려움이 부유한 사람보다 강하지는 않다 하더라도, 같은 수준은 된다는 말이다. 가난한 자들은 물건에 대한 소유욕이 너무 커서 저축하여 돈을 늘리기보다 '지금 사두자'는 사고방식에 얽매어 빚더미에 올라앉기 일쑤다.

부유한 사람은 돈에 대해서는 다소 자유로운 반면에, 돈으로 권력을 사서 행사하려고 하는 유혹에 빠지기 쉽다. 어떤 사람이 자신이 원하는 방식대로 교회를 움직이기 위해 거액의 헌금을 하려는 것을 본 적이 있는가?

하나님이 우리에게 원하시는 것은 우리가 꽉 움켜쥐고 있는 것들을 편안하게 풀어놓고, 하나님이 그분의 계획대로 그것을 사용하실 수 있도록 맡기는 것이다. 그분은 우리에게 물건을 소유할 수 있는 권리를 주시고 나서 그분이 우리에게 복 주신 것을 우리가 기꺼이 돌려드리기를 원하시는 것이다. 어쨌든 하나님이 모든 만물을 소유하셨기 때문에-하나님이 우리에게 갖도록 허락하신 모든 것을 포함해서-선한 청지기가 되느냐 아니면 그분의 것을 훔치는 도둑이 되느냐 하는 선택은 우리에게 있는 것이다.

땅을 기경하는 여러 장비들을 발명해서 부자가 되었던, 지금은 고인이 된 르 투르노는 이렇게 말했다. "내 돈을 얼마나 하나님께 드리는가 하는 것이 중요한 것이 아니라 내가 그분의 돈을 얼마나 많이 관리하고 있느냐가 중요하다."

돈을 쓰고 싶은 대로 쓰는 권리를 포기할 때 하나님이 우리의 모든 필요를 공급하시는 분임을 알게 될 것이다. "하나님, 당신이 원하시는 것이 무엇인지 말씀해 주세요. 제가 가진 것 모두가 당신의 것입니다. 이것을 제가 어떻게 사용하기 원하시죠?"라고 물을 때에야 비로소 우리의 필요를 채우시기 위해 놀라운 일을 행하시는 하나님을 경험하는 흥분을 맛보게 될 것이다. 그렇게 될 때 비로소 우리는 직장에서의 해고나 경기 침체 혹은 주식시장 폭락, 나아가 기근까지도 초월하여 하나님의 자녀만이 가질 수 있는 안정감을 이해할 수 있을 것이다.

외아들을 기르고 있는 한 과부가 있었는데, 그녀는 무일푼이었다. 먹을 양식조차 충분하지 못했기에 두 사람 다 영양실조에 걸려 있었다. 그 어린 아들의 팔다리는 성냥개비 같았고, 배는 굶주림으로 부어올랐다. 엄마는 아들을 돌볼 때에만 겨우 몸을 가눌 수 있는 정도였다. 이제 그들에겐 두 사람이 겨우 한 끼를 먹을 수 있을 만큼의 식량이 남아있었다. 엄마는 그것으로 작은 빵 한 덩이를 만들어 먹고는 어린 아들과 함께 누워 죽기만을 기다리려고 했다. 나무를 구해다가 불을 지펴 빵을 구우려고 하는데 한 나그네가 그녀에게 다가왔다. 그는 엘리야라고 하는 하나님의 사람이었으며 무엇인가 먹을 것을 달라고 했다. 자신도 굶어죽을 지경인데, 어떻게 저 사람은 이 음식을 달라고 할 수 있을까. 그녀는 기가 막히다는 얼굴로 서 있었을 것이다. 엘리야는 그런 그녀의 흐려진 눈과 야윈 얼굴을 보지 못했을까? 게다가 누추한 잠자리에 누워 날아드는 파리조차 쫓을 힘도 없는 그 불쌍한 아들을 못 봤단 말인가? 그녀는 몇 주 동안 정적 속에서 공포감에 휩싸인 채 점점 커져가는 아들의 신음소리를 들어야 했다. 그럼에도 하나님의 사람이 먹을 것을 달라고 구하던 그 순간에 그녀 안에서 무언가가 일어났음이 틀림없다. '그래, 이것을 줘버리자! 더 이상 내가 잃을 게 무엇인가.'

결국 그녀는 희생을 택했고 그 뒤의 이야기는 여러분들도 이미 다 알 것이다. 그녀가 마지막 남은 한 움큼의 밀가루와 몇 방울 남지 않은 기름으로 엘리야에게 음식을 만들어 주었고, 그는 그것을 먹었다. 그 뒤 엘리야는 그 과부와 소년에게 앞으로 먹을 양식이 풍성하도록 축복해 주고 떠났다.

그러나 중요한 점은 바로 이것이다. 하나님이 과부의 필요를 채우시기 전에 먼저 그녀가 자신이 갖고 있는 것에 대한 권리를 포기했어야만 했다는 것이다.

오늘날 세계에는 수많은 필요들이 산재해 있다. 하나님은 밤마다 굶주린 배를 안고 잠자리에 드는 7억 5천만 명의 울부짖음을 듣지 못하시는 분이 아니다. 그분은 오늘밤도 남아메리카 어느 도시의 길바닥에서 웅크린 채 잠들어야 하는 2천만 어린아이들 한 사람 한 사람의 이름을 일일이 기억하고 계신다. 그분은 어제만 해도 굶주려 죽었던 4만 명의 어린아이들 때문에 우셨다. 그분은 당신이 이 문장을 읽는 이 순간에도 굶주림으로 죽어가는 21명을 안고 계시고, 미국에서 집도 없이 절망 가운데 처해 있는 노숙자들, 즉 차 안이나 육교 아래에서 잠을 자려고 웅크리고 있는 이들을 아신다. 가려줄 만한 지붕 하나 없는 하늘 아래 잠들 1억의 인구들을 바라보고 계신다. 그뿐이 아니다. 위생과는 상관없이 살아가는 사람들, 자녀들을 보낼 학교가 없는 곳에 사는 사람들, 아무런 소망 없이 살아가는 그런 사람들을 주님은 알고 계시다.

이와 같은 필요들이 우리의 마음을 쥐어짜듯 고통스럽게 하지만 위에 열거한 것들은 극히 일부분에 지나지 않는다. 그렇다면 예수님은 아직도 그의 이름을 들어보지 못하고 매일 죽어가는 십만 명의 사람들로 인하여 얼마나 마음을 찢으시며 눈물을 흘리시겠는가? 그분은 아직도 복음을 들어보지 못한 세계 25억 명의 이름까지 아시는 것이다. 그렇다면 그분은 왜 세계복음화를 위해 재정적으로 돕지 않으시는가?

하나님은 광야에 있는 자신의 백성들 수백만을 위해 만나와 메추라기를 하늘로부터 비 오듯 쏟아부어 주셨다. 그렇다면 오늘날에도 전 세계에 있는 자녀들의 영적·육적 필요를 채우기 위해 돈을 충분히 만들어 내실 수 있지 않은가?

나는 하나님이 이미 그렇게 하셨다고 믿는다. 하나님은 아직까지 예수 그리스도의 이름을 들어본 적이 없는 수십억의 사람들을 완전히 복음화시킬 수 있는 충분한 자원들을 그리스도인들의 손에 이미 맡겨 두셨다. 복음을 전할 뿐 아니라 그들의 육적인 필요들을 채울 수 있는 것도 충분히 주셨다. 자원은 이미 마련되어 있다. 마치 한 움큼의 밀가루와 한두 방울의 기름이 이 세상의 모든 굶주린 사람들을 먹이기 위해 배가 되기를 기다리는 것처럼 말이다.

다음의 통계를 살펴보자(이 통계는 2015년 현재와 다를 수 있음).

- 『세계 기독교 백과사전』(THE WORLD CHRISTIAN ENCYCLOPEDIA)의 편집자인 데이빗 바렛 박사는 그리스도를 주라 부르는 사람의 통계는 16억 8천만 명이라고 한다. 이 그리스도인들의 연간 수입 합계는 약 8조 2천억 달러이며, 지구 전 자원의 3분의 2를 소유하고 있다.

- 스스로를 그리스도인이라고 칭하는 사람들이 1달러씩만 낸다면 지구상의 모든 가정이 성경책을 한 권씩 가질 수 있다(이것은 지구상의 인구가 50억이고 한 가정의 가족 수가 평균 5명이며, 성경책 1권당 가격이 1달러 이하라는 가정에 근거한 것이다).

- 전 세계 2,000의 언어종족이 아직까지도 복음을 듣지 못하고 있다. 그런데 만약 4천만의 그리스도인들이 1년에 1달러씩만 낸다면 각 언어 종족마다 선교사를 두 명씩 파송할 수 있다.

- 애완용 개나 고양이 한 마리를 1년 동안 키우는 비용이면 제3세계의 어린이 한 명에게 기독교 교육을 시킬 수 있다.

- 전 세계에는 1천6백 만 명의 난민들이 있다. 이들을 먹여 살리는 비용은 그리스도인임을 자처하는 16억의 사람들이 매일 1페니(영국 화폐 단위, 1파운드의 100분의 1)씩만 부담하면 된다.

내가 하나님이 전 세계를 복음화할 수 있는 돈을 이미 우리에게 주셨다고 말했을 때, 이것이 글자 그대로 사실이라는 것을 위의 사례들을 통해 알 수 있었을 것이다. 게다가 이것은 우리에게 엄청난 희생을 요구하는 것도 아니라는 것을 깨달았을 것이다.

하나님은 모든 사람들의 육적인 필요와 영적인 필요들을 채워주기 원하시며 그 일에 우리가 참여하기를 원하신다. 그분은 우리 없이도 그 일을 하실 수 있다. 그분은 과부의 밀가루 한 움큼과 기름 한 병이 없어도 엘리야를 먹이실 수 있었다. 하나님은 한때 까마귀를 통해 엘리야를 먹이시는 초자연적인 방법을 사용하기도 하셨다. 그러나 하나님은 그 과부를 복 주고, 그녀를 위해 기적을 행하시는 그 흥분됨을 그녀와 함께 나누기 원하셨던 것이다.

주고자 하는 마음이 있지만 여기저기에서 재정적인 필요를 너무나 자주 듣다 보니 좌절감을 맛보는 사람도 있을 것이다. 매일매일

'정당한' 필요를 담은 선교사들의 편지가 당신 집에 날아들 수도 있다. 그렇다면 누구에게 얼마를 주어야 한단 말인가. 나는 주는 것에 있어서 주님의 음성에 귀를 기울이는 것이 이러한 좌절감에서 벗어나는 유일한 열쇠라고 확신한다. 당신의 감정대로 주는 것이 아니라 그분께 순종함으로 주는 것이다. 나의 친한 친구들의 이야기를 들어보면 내가 무엇을 말하려고 하는지 잘 알 수 있을 것이다.

수년 전에 남캘리포니아 YWAM의 한 청년 그룹이 하와이로 전도여행을 떠나려고 했다. 내 친구 짐과 조이 도우슨 부부는 내가 아는 사람들 중에 가장 영적으로 민감한 사람들이다. 그들의 딸과 아들이 이 팀의 일원이었기 때문에 팀을 배웅하기 위해 로스앤젤레스 공항에 나갔다.

공항 안으로 들어갔을 때 그들은 스티브와 베르나가 쓸쓸히 앉아 있는 것을 보았다. 이들도 전도여행 팀의 일원이었으나 비행기 표를 살 만한 충분한 돈이 없었다는 것을 알게 되었다. 둘 다 각각 100달러씩 모자랐다. 스티브와 베르나는 하나님이 그들에게 전도여행을 가라고 말씀하셨기에 믿고 순종하는 마음으로 짐가방을 챙겨들고 공항에 왔던 것이다.

조이는 남편과 함께 기도했다. 이미 몇 백 달러를 이 팀의 다른 사람에게 주었지만 이번에도 하나님이 주라고 하시면 기꺼이 주려고 했다. 그래서 도우슨 부부는 고개를 숙이고 돈을 더 주어야 하는지 주님께 물었다. 그러나 주님은 그 두 사람에게 돈을 주지 말라고 하셨다. 조이의 마음속에 하나님의 음성이 들려왔다. "네가 할 일은 다했다. 나는 다른 사람을 통해서 그들에게 공급하고 싶다." 두 사람은 뒤로 한걸음 물러서서 어떤 일이 일어날지 지켜볼 수밖에 없었다.

시계를 쳐다보니 그 비행기는 오후 6시 정각에 떠날 예정인데 불과 몇 분밖에 남아있지 않았다. 그때 승객들을 위한 안내 방송이 흘러 나왔다. "호놀룰루 행 웨스턴 항공 771호기를 타실 분은 지금 63번 게이트로 오셔서 탑승하여 주시기 바랍니다." 스티브와 베르나를 뺀 나머지 팀원들은 비행기 탑승 출구로 줄지어 갔다.

6시가 넘었고 비행기 출발 시간은 지났다. 그런데도 짐과 조이가 공항 유리창 너머를 바라보았을 때 그 비행기는 움직이지 않고 있었다. 왜 비행기가 출발하지 않지? 유니폼을 입고 있는 항공사 직원은 아직도 탑승 출구 쪽에 있는 책상 뒤에 서 있었고, 출구통로는 아직 열려 있었다. 비행기 출발이 지연되는 이유에 대해서 아무런 안내 방송도 없었다.

짐이 시계를 보니 6시 15분이었다. 바로 그때, 클레이 골리어라는 젊은 YWAM 간사가 공항 터미널로 급히 뛰어 들어왔다. 숨을 헐떡이는 그의 얼굴은 땀에 젖은 채 붉게 상기되어 있었다. 그는 숨찬 목소리로 물었다. "하와이로 가는 비행기가 벌써 떠났습니까? 하나님이 내게 하와이로 떠나는 팀에게 돈을 주라고 하셨습니다." 그는 스티브와 베르나를 발견하고는 물었다. "두 분 혹시 돈이 필요하십니까?" "그래요, 우리 각자 100불씩 필요합니다." 스티브가 대답했다. 클레이는 그의 주머니에서 흰 봉투를 꺼내 "그럼 이 돈은 당신 두 사람을 위한 것 같군요."라며 건네주었다. "정말 고맙습니다." 스티브와 베르나는 그 돈을 재빨리 받아서 항공사 직원에게로 뛰어갔다.

처음에 직원들은 너무 늦었다며 거절했다. 사람들이 이미 모두 탑승했고 게다가 출발 시간도 지났기 때문이었다. 짐 도우슨이 나서서 두 젊은이가 비행기에 타고 있는 다른 친구들과 함께 가게 해달라고 항공사 직원을 설득했다. "이 사람들은 선교여행을 가려는 참입니다." 마침내 그 직원은 급히 비행기 표를 끊어 스티브와 베르나에게 주었고, 두 사람은 황급히 짐을 들고 비행기에 탑승했다. 클레이와 도우슨 부부는 그 비행기가 서서히 활주로를 빠져나가는 것을 바라보았다. 그러고 나서 클레이의 이야기를 들었다.

클레이는 그날 오후 필리핀 전도 여행을 위한 비자를 받기 위해 로스앤젤레스의 다른 지역에 있는 필리핀 영사관에 있었다. 수속을 마친 후 대리석으로 된 로비를 막 가로지르는데 하나님의 음성이 그의 마음속에 분명하게 들려왔다. "너는 여행을 위한 경비가 있으니 여분의 돈은 네게 필요하지 않다."는 것이었다.

주님은 그 여분의 돈을 그날 저녁 하와이로 떠나는 전도여행 팀에게 주라는 마음을 주셨다. 사무실 벽의 괘종시계는 2시 30분을 가리키고 있었다. 그는 그 팀이 6시에 떠난다는 것을 알고 있었다. 그래서 급히 그의 사무실을 뛰쳐나와 버스를 찾았다. 그는 L.A.를 가로질러 그가 가고자 하는 방향으로 떠나려는 버스를 출발시간에 정확하게 탈 수 있었다. 드디어 YWAM 센터로부터 한 블록 떨어져 있는 선랜드 풋힐 블러바드에 내렸다. 클레이는 급히 빌딩 쪽으로 뛰어갔으나 주차장이 텅 빈 것을 보고는 가슴이 덜컹 내려앉았다. 그런데 거기에 자동차 한 대가 세워져 있었다.

센터의 모든 문들은 잠겨 있었지만 그래도 건물 주위의 옆문과 앞, 뒷문을 다 두드렸다. 그러자 한 소년이 온몸에 물을 뚝뚝 흘리며 문을 열었다. 소년은 샤워를 하고 있는 중이었다고 하면서 하와이로 가는 팀은 1시간 전에 떠났다고 했다.

클레이의 간청으로 그 소년은 옷을 입고 나왔고, 두 사람은 차에 올라타 L.A. 퇴근시간의 복잡한 교통을 헤치고 공항으로 향했다. 마침내 그들이 공항 터미널 앞에 도착했을 때는 이미 비행기 출발시간이 한참 지난 후였다.

클레이는 하던 얘기를 멈추고 짐과 조이와 더불어 웃기 시작했다. 그의 이야기에는 우리 생각에 불가능한 것 같아 보이는 사건들이 많이 있었다. 버스가 부족하기로 소문난 도시에서 제시간에 도착한 버스며, 홀로 남아 샤워를 하고 있던 소년이며, 또한 그 소년이 차를 갖고 있었다는 것, 거기다 클레이가 도착할 때까지 뚜렷한 이유 없이 비행기 출발이 지연되었다는 것 등이 바로 그런 사건들이다. 만약 짐과 조이가 자신들의 감정대로 그 두 사람에게 돈을 주었다면 얼마나 귀한 일들을 놓쳐 버렸을까 하고 세 사람 모두 입을 모았다.

그런데 많은 경우, 우리는 주는 것에 대해 주님의 음성을 듣지 않고, 그분께 순종하지 않기 때문에 그분이 주시는 기쁨을 놓치고 만다. 주는 것에 있어서 우리의 동기가 하나님 아버지께 순종하고 그분을 기쁘시게 하는 것이라면, 때때로 재정적인 도움 요청과 함께 오는 다른 유혹들로부터 자유로워질 것이다. 한편으로는 우리의 탐심에 호소하는 것("하나님께 드려라. 그러면 너한테 더 많은 것을 주실 거야!")들을 피할 수 있게 된다. 조종하려는 함정(다른 사람을 조종하기 위해 헌금하는 것)도 피할 수 있다. 또 우리는 교만한 동기의 함정(건물에 우리 이름이 새겨지기 위해서 헌금하는 것)도 피할 수 있다. 혹은 우리의 정죄감이 호소하는 것("만약 당신이 지금 주지 않으면 이 사역은 중단될 것이고 수백만의 사람들이 지옥에 가게 될 것이다!")도 피할 수 있을 것이다.

대신 우리는 성령께서 인도하시는 것에 즉시 순종하여 순전한 마음으로 주어야 한다. 그러면 우리는 하나님이 우리의 공급자가 되신다는 사실을 알게 될 것이다. 우리는 YWAM 안에서 자신의 모든 것을 내어준 사람들에게 재정적인 기적들이 많이 일어났던 것을 보아왔다. 그래서 우리에게는 "당신은 가능한 것을 하라, 그러면 하나님은 불가능한 것을 하실 것이다!You do the possible, then God will do the impossible"라는 슬로건이 있다.

딘과 미셸 셔먼 부부는 하와이 힐로에 살고 있는 YWAM 사역자들인데, 이들은 자기들의 필요를 하나님이 채우실 것을 신뢰하며 살았다. 언젠가 그들의 돈이 다 떨어지고 아기가 먹을 분유까지도 바닥이 났을 때였다. 미셸이 기도를 마치고 남편과 함께 훈련 센터에서 집으로 걸어오고 있을 때였다. 도중에 미셸은 복잡한 길 옆에 있는 수풀을 바라보며 멈칫했다. 그녀는 도저히 자신의 눈을 믿을 수 없었다. 빳빳한 1달러와 5달러짜리 지폐들이 나뭇가지 위에 여기저기 겹쳐 놓여 있는 게 아닌가! 딘과 미셸은 그것들을 모두 거두어서 세어 보았다. 35달러! 그 돈이면 아기가 먹을 분유와 미셸이 그렇게도 사고 싶어 했던 유모차를 살 수 있었다. 말 그대로 '나무에서 자라는 돈'을 발견한 것이다. 하나님은 그들의 필요를 채우기 위해서 그런 특별한 방법을 사용하셨던 것이다.

그렇지만 하나님은 다른 사람들을 통해 우리의 필요를 채우시는 경우가 훨씬 더 많다. 그리스도의 몸 안에서 우리가 서로 믿고 의지하도록 하기 위해서다. 그런데 많은 사람들은 남에게 나눠줄 수 있는 것이 있으면서도 조금이라도 더 가지려고, 우선은 투자부터 하겠다고, 혹은 자신들이 '필요하다고 생각하는 것들'을 몇 개라도 더 충족

시키려고 주는 것을 나중으로 미루고 있다. 하나님은 우리에게 주라고 말씀하시는데, 우리는 얼마나 많이 그 말씀을 무시하거나 합리화시키고 있는가?

수년 전, 나는 각기 다른 배경을 가진 젊은이들이 모인 뉴질랜드의 어느 십대 선교회YFC: Youth For Christ에서 말씀을 전하고 있었다. 그들 중에는 뉴질랜드의 지역교회에서 온 젊은이들뿐만 아니라 술이나 마약 중독에서 벗어나 주님을 섬기기로 결심한 초신자들과, 예수님을 한 번도 구주로 영접해 본 일이 없는 사람들도 있었다.

하루는 이 모임의 강의를 마치고 잠자리에 들기 전 산책을 했다. 그 캠프에 흩어져있는 건물들을 뒤로하고 달빛이 비치는 나무들과 근처의 양치는 목장을 바라보면서 즐거운 마음으로 시골길을 걷고 있었다. 그러다 불현듯 무엇인가가 마음에 떠올라 길 위에 멈춰 섰다. 나는 그 세미한 목소리가 하나님의 음성임을 깨달았다.

"로렌, 네 주머니에 무엇이 있니?" 나는 주머니에 손을 넣어 그 안에 있는 약간의 지폐와 잔돈을 꺼냈다. 돈을 쥔 손을 들고 하늘을 바라보며 대답했다. "돈이 좀 있습니다, 주님!"

그 모임이 계속되는 동안 아주 놀라운 일들이 많이 일어나고 있었기에 나는 하나님이 말씀하시는 것이라면 무엇이든지 할 준비가 되어 있었다. 그러자 "네 돈을 길바닥에 내던져라."는 음성이 내 마음에 들려왔다. 나는 재빨리 그 돈을 던지고는 하나님이 그 돈으로 도대체 무엇을 하실지 궁금해 하면서 계속 걸어갔다. 나는 돈이 필요한 어떤 사람이 기도하다가 내가 버린 그 돈을 발견하는 시나리오를 상상했다. 그런데 얼마 가기도 전에 하나님은 놀랍게도 이런 말씀을 내 마음속에 주셨다. "가서 다시 그 돈을 주워라, 로렌."

나는 그것이 내 생각일 것이라고 여기고 무시하려 했다. 그러나 그 확신은 점점 더 강렬해졌다. 마침내 나는 되돌아가서 무릎을 꿇고 여기저기 떨어져 있는 지폐와 동전들을 주워 주머니에 넣었다. 그리고 실망한 채 캠프 쪽으로 곧장 되돌아왔다.

불빛이 비치는 곳에 이르렀을 때, 한 사람이 나를 향해 걸어오고 있었다. 차츰 그가 숱 많은 검은 머리를 한 십대 소년임을 알아볼 수 있었다. 그날 그 소년과 상담을 했기 때문에 그가 마약 중독자라는 것도 알았다. 다시 마음속에 음성이 들려왔다. "네 주머니에 있는 돈 전부를 그에게 주어라." 나는 그 십대 소년이 나를 스쳐지나 어두움 속으로 사라질 때까지 하나님께 따졌다. 계속 걸어가면서 하나님께 "이 형제만은 내가 신뢰할 수가 없습니다."라고 거듭 말했다. 그는 그 돈을 마약을 구입하는 데 써버릴지도 몰랐다. 그 소년은 가버렸다.

시간이 꽤 흘렀다. 이제 그는 자기 방에 있을 것이고, 나는 그가 어느 방에 있는지 몰랐다. 그러나 하나님은 내가 그분의 명령을 잊어버리도록 그냥 내버려두지 않으셨다. 마침내 나는 한숨을 쉬며 말했다. "좋습니다, 주님. 만약 이렇게 말씀하시는 분이 정말 당신이라면, 제가 이 건물을 뒤돌아갈 때 그 소년이 바로 거기에 있게 해주십시오."

그 건물을 빙 돌았을 때, 나는 반대쪽 모퉁이에서 걸어오고 있는 그 소년과 거의 맞부딪칠 뻔했다. 마침내 나는 하나님께 순종하고 그에게 나의 돈 전부를 주었다. 바깥 불빛 아래서 나는 감격에 가득 차 울기 시작하는 그를 바라보았다. 그리고 그는 내게 조용히 말했다. "나는 만약 그분이 제게 돈을 주신다면, 그리스도인 마약 갱생 보호소로 가겠다고 방금 하나님께 말씀드렸습니다. 제게 돈이 좀 있었는데, 지금 이 돈이 보태지면…." 그는 자신의 손안에 든 지폐와 동전을 만져보며 믿을 수 없다는 듯이 놀라워했다. "이 돈은 그곳에 가는 데 필요한 정확한 액수예요!" 그 소년은 활짝 웃으면서 내 손을 힘껏 쥐었다 놓고는 그 자리를 떠났다. 나는 부끄러워 그 자리에 꼼짝 않고 서 있었다. 나는 돈을 거리에 버리고 기꺼이 지나갈 용의는 있었지만, 하나님이 그 소년에게 주라고 하셨을 때는 돈을 꽉 움켜지고 하나님께 동의하지 않았던 것이다.

지금 당신의 주머니에는 무엇이 있는가? 하나님이 그것으로 무엇을 하라고 당신에게 말씀하신다면 기꺼이 그렇게 하겠는가? 기꺼이 그분이 당신과 당신의 지갑을 다스리도록 하겠는가? 아니면 내가 뉴질랜드에서 그날 밤에 했던 것처럼 꽉 움켜쥐고 있겠는가?

하나님이 인도하시는 대로 자신의 것을 기꺼이 내어놓은 사람들은 세계복음화를 위하여 하나님이 그것을 어떻게 배가시켜 사용하시는지 보게 되는 특권을 누릴 것이다.

05 자기 자신을 내려놓을 때

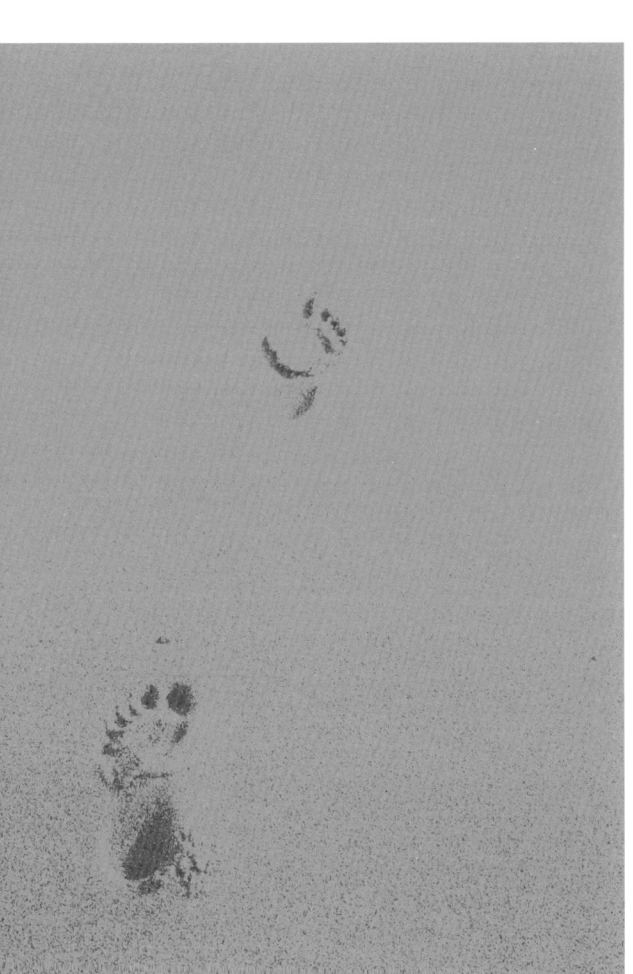

예수께 빗이다 · Making Jesus

자기
자신을
내려놓을 때

빌 맥체스니는 미국인 선교사로서, 1964년 콩고 내란 때 28세의 나이로 살해됐다. 그는 콩고로 가기 전에 다음과 같은 시를 썼다.

나의 선택

아침 여덟 시, 나는 햄과 계란으로 준비한
아침 식사를 하고 싶습니다.
한 시가 되면 잘 구운 스테이크로 점심을,
그리고 일과를 마친 후 다시 저녁을 들겠습니다.

방마다 전화기가 있고,
부드러운 카펫이 깔려 있는 거실과

예쁜 커튼으로 꾸며진 문,
그런 초현대적인 집을 갖고 싶습니다.

사랑스런 것들로 잘 정돈된 아늑한 방,
스프링이 들어있는 폭신한 안락의자,
그리고 조그마한 텔레비전 한 대를 갖고 싶습니다.

물론 주의 깊게 프로그램을 선택하렵니다.
나는 또,
최신 유행의 조끼, 정장이 가득 찬
깔끔하고 멋진 최고급 옷장을 갖고 싶습니다.
그리스도인은 왜 최고급을 가질 수 없나요?

그러나 그때, 나는
너무나 분명하게 말씀하시는 주님의 음성을 듣습니다.
"갈릴리의 비천한 자
나를 따르렴."

"공중의 새도 보금자리가 있고,
여우도 쉴 만한 굴이 있으나

나는 네게

잠자리도 줄 수 없구나.

내 자신 머리 둘 곳조차 없는 자란다."

수치심으로, 수치심으로, 나는

고개를 떨구고 울부짖습니다.

"어떻게 내가 십자가에 달리신 그분을 멸시할 수 있는가?

그분이 가셨던 길,

기도로 지새운 그분의 수많은 밤들을 어찌 내가 잊을 수 있겠는가?"

한 조각 음식도 없이, 주님은

40주야를 홀로 금식하셨습니다.

멸시당하고 거절당한 채 그분은 계속 그 길을 가셨고,

성전의 휘장이 찢겨져 나갈 때까지 그분은 멈추지 않으셨습니다.

슬픔과 번민을 겪은,

안식을 줄 아무런 육신의 친구도 없이

하나님께 버림을 당한 자 – 예언자가 말하길

그는 모욕을 당하시고, 매 맞은 바 되었고, 멍들었으며,

그에게서 붉은 피가 흘렀다고.

그가 정녕 하나님이시고, 나를 위해 죽으신 분일진대,
죽었던 인생인 내가
어떤 희생을 드린들 그보다 더하겠습니까?
예수님을 위해 내가 바로 그 일을 하렵니다.

그렇습니다.
그분이 가신 그 길을 나도 가렵니다.
그 어떤 다른 길도 나의 하나님을 기쁘시게 할 수 없으므로
이것이 나의 선택입니다.

영원을 위한 나의 선택입니다.

당신은 부모에게서 태어나 이웃과 더불어 성장해서 어떤 신념, 어떤 체제를 믿고 한 나라의 국기에 경례를 하도록 교육받았다. 당신은 당신의 과거와 조국에 대한 이야기를 들었다. 당신의 어머니는 어떤 특정한 방식으로 음식을 만드셨고, 그중 어떤 음식들은 아마도 오늘날까지 당신이 가장 좋아하는 음식으로 남아있을 것이다. 당신이 미국 사람이든, 필리핀 사람이든, 스위스 사람이든, 또 당신이 뉴욕에서 자랐든, 뉴델리에서 자랐든 이런 것들은 현재의 당신을 당신 되게 하는 것늘이다.

만약 입을 옷이 필요하다면 당신은 당신이 좋아하는 스타일의 옷을 살 것이다. 그 옷은 당신이 존경하는 어떤 사람의 스타일에 영향을 받은 것일 수도 있다. 당신이 만일 서구에 살고 있다면 텔레비전에서 본 그대로 현재 유행하고 있는 옷을 입었을 테고, 만일 말레이시아의 한 시골 마을에 살고 있다면 손으로 염색한 사롱(Sarong:말레이 군도 원주민의 허리띠)을 그들 나름의 독특한 방식으로 허리에 두르고 있을 것이다.

그것이 어떤 형태이든 간에 당신은 행복해할 것이며, 당신이 속한 문화권에서 자신이 가장 옷을 잘 입고 있다고 느낄 것이며, 특정한 음식을 먹으며, 특정한 종류의 집에 살면서 당신이 중요하다고 생각하는 것을 당신 자녀들이 행하도록 양육할 것이다.

당신이 다니는 교회조차도 당신이 자라온 배경, 당신이 좋아하는 것과 싫어하는 것, 경험, 선택 등과 연결된 특별한 곳이다. 그래서 어떤 이들은 신나고 밝고 격식이 없는 찬양과 설교로 예배를 드리는 소박한 건물의 교회를 좋아할 것이고, 어떤 이들은 스테인드글라스로 된 창문과 웅장한 파이프 오르간이 있는 교회를 좋아할 것이다. 어떤 이들에게는 하나님이 모든 것을 다스리신다는 것을 강조하는, 하나님의 주권에 대한 설교가 위로가 되는 반면, 어떤 이들은 인간의 자유의지와 하나님과 올바른 관계를 갖는 데 있어서의 당신의 책임에 관한 설교를 선호할 수도 있을 것이다.

이런 모든 것들은 당신의 문화, 물려받은 유산, 당신이 속한 교단, 가족과 당신이 받았던 교육에 기인하는 것들이다. 당신은 자신이 속한 문화를 즐기고 자신의 나라를 사랑할 권리가 있다. 그리고 어떤 특정한 유형의 교회나 단체, 즉 당신이 중요하다고 믿고 있는 것들을 표방하는 곳에 속할 권리가 있다. 그래서 당신은 생활하고, 말하고, 먹고, 당신과 주위 사람들에게 편안해 보이는 방식으로 옷을 갖추어 입을 수 있는 권리가 있는 것이다.

그러나 만일 모든 사람이 우리 자신과 우리 인생을 향한 하나님의 계획을 배제한 채 이런 권리들을 행사한다면, 분명 엄청난 비극이 발생할 것이다. 수억의 사람들이 공허와 절망 속에 살게 될 것이며, 죽음 후에는 자신들의 죄에 대한 심판을 받아 지옥에서 거하며 하나님과 영원히 분리될 것이다.

그들의 운명이 이렇게 되도록 우리가 할 수 있는 일이 있다. 그것은 우리를 편안하게 하는 것들에 둘러싸여, "내가 누구를 보내며 누가 우리를 위하여 갈꼬?"라고 외치는 안타까운 부르짖음에 우리 귀를 막는 것뿐이다.

한 젊은이가 구세군의 창시자인 윌리엄 부스에게 찾아왔다. "사령관님, 저는 앞으로 무엇을 하며 살아야 할지 모르겠습니다. 부르심을 받은 적도 없구요." 부스 사령관은 어깨를 꼿꼿이 펴고는 그 젊은이를 직시하며 "뭐라고? 한 번도 부르심을 받은 적이 없다고? 부르심에 대해서 한 번도 들어본 적이 없다는 말인가?"라고 흥분하여 말했다.

마가복음 16장 15절에서 "너희는 온 천하에 다니며 만민에게 복음을 전파하라."고 하셨고, 요한복음 15장 16절에서는 "내가 너희를 택하여 세웠나니 이는 너희로 가서 열매를 맺게 하고"라고 말씀하셨다. 우리 각 사람은 선교사 또는 선교지 둘 중 하나이며, 하나님의 응답의 일부거나 아니면 그분의 문젯거리의 일부이다. 우리는 하나님 나라의 보배거나 아니면 하나님 나라의 부담이 되거나 둘 중 하나다.

당신은 "어떻게 하면 선교사가 될 수 있지?"라고 자문할지도 모르겠다. 이 질문에 대한 답을 찾기 위해서는 먼저 '선교사란 무엇인가?'에 대한 분명한 개념을 가져야 한다. 그것은 허름한 인도헬멧을 쓰고 나무 밑에 서서 원주민들에게 설교하는 사람들만을 말하지 않는다. 선교사라는 말은 '보냄을 받은 자'라는 뜻이다.

예수님은 우리 각자에게 말씀하셨다. "아버지께서 나를 보내신 것같이 나도 너희를 보내노라"(요 20:21). 그것은 당신이 지금 지리적으로 어디에 있든지 선교사라는 의미다. 당신이 지금 어디에서 일하고 있든지 하나님의 뜻 안에 살고 있다면 당신은 그곳의 선교사인 것이다. 그러나 당신이 그곳에서 선교사가 되지 않는다면 당신은 예수님의 물질의 부요를 상징하는 등경 아래에 자신의 등불을 두는 것으로 묘사했던 사람과 같다.

당신은 선교사로서 당신의 이웃에게 보내심을 받은 것이다. 만약 당신이 이웃에 살고 있는 사람들에게 예수 그리스도를 나타내지 않고 있다면, 당신은 안일과 안락을 상징하는 침대 밑에 촛불을 둔 자와 같다. 만일 당신이 아직 학생이라면 하나님은 당신이 교실과 캠퍼스에서 그분의 선교사가 되기를 바라신다.

요한복음 1장 6절은 "하나님께로부터 보내심을 받은 사람이 있으니 그의 이름은 요한이라."고 말씀하신다. 이 구절을 가지고 지금 당장 당신의 이름을 넣어 큰소리로 읽어보라. "하나님께로부터 보내심을 받은 사람이 있으니 그의 이름은 _____이라."

"어떻게 하면 선교사가 될 수 있지?"에 대한 답을 찾기 위한 두 번째 단계는 당신이 지금 그분이 원하시는 곳에서 선교사를 섬기고 있는가를 하나님께 여쭤 보는 것이다. 당신이 현재 있는 그곳이 하나님이 원하시는 곳일 거라고 가정하지 마라.

수년 전에, 나는 키스 그린이라고 하는 젊은 그리스도인 음악가와 친구가 되었다. 나는 이 진지한 젊은이에게 깊은 감명을 받았다. 그는 마치 잘 감겨진 용수철 같은 열정을 지니고 있어서 자신이 믿고 있는 일, 즉 그것이 어떤 것이든 상관없이 기꺼이 자신을 내던질 사람 같이 보였다. 그는 겸손했고 자신보다 오랫동안 사역을 해온 나에게 많은 것을 물었다. 그는 하나님을 더 알아가기를 간절히 원하고 있었다. 1982년, 그와 그의 아내 멜로디는 선교여행을 가서 예수님을 모르는 채로 살아가고 있는 수십억의 잃어버린 영혼들에게 복음을 전해야겠다는 불타는 열정을 안고 돌아왔다.

그들이 그 여행에서 돌아온 후 우리 두 가족은 캘리포니아 해안에 있는 한 친구의 별장에서 함께 지냈다. 서늘한 바람이 불고 하늘이 흐릿한 아침, 커다란 창밖으로 내려다보이는 해안에는 갈매기들이 날고 있었다. 밖에는 십대인 우리의 아이들 캐런과 데이비드가 키스와 멜로디 부부의 아이들(세 살 난 요시아와 두 살배기 베다니)과 뛰놀고 있었다. 그리고 우리들은 몇 시간 동안 선교에 관해서 이야기하며 한쪽 마루 위에 앉아 있었다.

키스에겐 그의 연주회에 오는 수천 명의 젊은이들이 하나님께 헌신하도록 하기 위해서 할 수 있는 모든 것을 하려는 강한 열정이 있었다. 우리는 뜨겁게 기도하기 시작했다. 키스는 그의 얼굴을 바닥에 대고 잃어버린 영혼들을 위하여 부르짖었다. 우리는 특히 선교사로 나갈 열여덟 살에서 열아홉 살 사이의 젊은이 십만 명을 일으켜 달라고 하나님께 기도했다.

우리는 이 목표를 이루기 위해서 우리가 할 수 있는 것은 무엇이든지 할 수 있도록 우리 자신을 하나님께 드리고 또 서로에게 위탁했다. 우리는 그해 가을에 이 일을 구체화시키는 하나의 시작으로 선교 순회 예배를 계획했다.

그렇게 우리가 함께 여름 휴양지에서 기도하고 난 2주 후, 키스는 그의 어린 두 자녀를 포함해 9명의 다른 사람들과 함께 비행기 추락으로 텍사스에서 사망했다. 그때 나는 일본에서 전도여행 중이었는데 그의 사망 소식을 듣는 순간, 젊은 선교사들을 일으켜 달라고 함께 기도했던 우리의 기도를 기억했다. 내가 몇몇의 동역자들과 함께 그의 죽음을 놓고 기도하기 위해 만났을 때 우리 모두의 마음속에 '추수할 때 백배의 더 큰 결실을 맺기 위해 땅에 떨어져 죽는 한 알의 밀알'에 관한 말씀이 떠올랐다.

그해 가을, 키스가 비록 예수님과 함께 있기 위해 세상을 떠났지만 우리는 계획대로 선교 순회 예배를 진행했다. 수천의 젊은이들이 그가 드린 마지막 예배 모습을 담은 비디오를 보았다. 모두가 "하나님께 헌신하고, 가라!"는 그의 마지막 호소를 들었다. 그 비디오테이프에서 키스는 이렇게 말했다. "세상이 구원받지 못하는 것은 하나님의 잘못이 아니다. 어느 한 사람이라도 멸망하는 것은 하나님의 뜻이 아니다. 성경에 '너희는 가서 모든 민족을 제자로 삼으라.'는 명령이 있다."

"우리는 그 명령이 어떤 특별한 제자들이나 선교사, 남편감을 찾지 못해 방황하고 있는 나이 많은 자매들, 박애주의자들, 그리고 너무나도 영적이기에 이 사회에 머물 수 없어 해외로 떠나는 특별한 그리스도인들을 위한 것이라고 생각하기를 좋아한다."

"우리가 그 일을 하고 있지 않기 때문에 세상이 구원받지 못하고 있다. 이것은 우리의 잘못이다. 지구상의 어디에도 미국에서만큼 복음이 널리 알려진 곳은 없다. 당신에게는 부르심이 필요한 것이 아니다. 당신은 이미 부르심을 받았다. 만약 당신이 지금 그곳에 머물러 있다면 하나님께 '하나님은 나를 지금 이곳에 머물도록 부르셨습니다.'라고 말할 수 있어야 한다. 당신이 지금 머물고 있는 그곳에 머물러야 하는 절대적인 부르심이 없다면, 당신은 다른 어떤 곳으로 부르심을 받은 것이다."

이것은 아주 강력한 도전이다. 정말 맞는 말 아닌가?

전 세계적으로 아직까지 복음을 들어보지 못한 곳에 가서 선교하려는 선교사는 개신교와 가톨릭을 합하여 25만 명 정도다. 한편 전 세계에는 120만 명의 아봉 화장품 판매원이 있고, 75만 명의 암웨이 다단계 판매원들이 일하고 있다. 내가 속한 전도여행 팀이 아주 외딴 벽촌에 갔을 때의 일이다. 그곳 사람들에게는 우리 팀이 복음을 들고 간 첫 번째 사람들이었다. 그런데 그곳에는 이미 코카콜라와 싱거 재봉틀이 우리보다 먼저 들어와 있었다.

아직도 그렇게 많은 사람들이 복음을 듣지 못한 것이 하나님의 뜻일까? 그분이 그렇게 계획하셨을까? 그분은 전 세계 인구 중 9%에게만, 그것도 영어권에 있는 사람들에게만 복음을 전하라고 전임사역자의 94%를 부르셨는가? 아니면 그분은 선교를 위한 모든 그리스도인들의 재정 중 92%를 전 세계 인구의 8%밖에 되지 않는, 몇 번씩이나 이미 복음이 선포된 미국에서의 전도를 위해 사용하라고 하셨는가? 물론, 북미에도 영적 어두움의 구멍들이 많이 있다.

그러나 여기에서도 그리스도인들의 노력과 재정은 대부분 이미 그리스도인들이 많이 살고 있는 지역에 사용되고 있고, 흑인과 가난한 사람들이 많이 모여 있는 미국 도심부는 방치되어 있다. 무엇인가 크게 균형이 맞지 않다고 생각되지 않는가!

나는 내 친구 키스의 말에 전적으로 동의한다. 이런 식으로 상황이 방치되는 것이 하나님의 계획은 아니라는 것이다. 그래서 우리는 하나님이 우리를 부르실 때 "하나님, 제가 여기 있습니다. 나를 보내소서."라고 응답해야 한다. 그래서 우리는 집에 머무를 수 있는 권리도 기꺼이 포기해야 하는 것이다.

아브람은 자기 나라에 머무를 수 있는 권리를 포기했다. 하나님이 그를 부르셨을 때, 그는 아버지의 사업을 돕는 좋은 직업을 갖고 있었다. 그런데 하나님이 짐을 싸라고 말씀하시며 다른 곳으로 가라고 하셨다.

"주님, 어디로 가나요?" 그가 물었다. 하나님은 그저 "가는 도중에 말해 주겠다."라고만 대답하셨다.

이것이 얼마나 특별한 믿음을 요구했겠는가. 그는 친구들에게 작별 인사는 해야겠는데 어디로 간다고 말해 주어야 할지 몰랐다. 게다가 그의 아버지의 직업은 우상을 만드는 일이었다. 그는 아버지의 가업을 이어 받아야 했다. 따라서 아브람은 하나님이 부르셨을 때 "아니오"라고 대답하고 계속 우상을 만드는 일을 할 수도 있었다.

당신은 하나님이 부르실 때 "아니오" 또는 "나중에"라고 대답하는가? 당신도 역시 우상을 만드는 일을 하고 있지는 않은지 당신의 마음을 다시 한 번 살펴보라! 우리는 좋은 옷, 가정, 외모, 편하고 만족스러운 것들로 쉽게 우상을 삼기 때문이다. 만일 우리가 조심하지 않으면 하나님이 주신 이와 같은 좋은 선물들이 우리가 추구하는 목적들, 즉 작은 우상들이 될 수 있다는 것이다!

폴 레이더는 체격이 크고 건강한 축구선수였다. 그는 미국 금융시장Wall Street에서 명사였으며 시티 서비스 석유회사를 경영했다. 그러다가 그는 구원을 받았고, 복음을 전하라는 하나님의 부르심에 순종하여 피츠버그에서 부목사의 자리를 맡게 되었다.

만약 누군가가 폴 레이더에게 "당신의 삶에 아직도 잘못된 우상들이 있다."라고 말했다면 깜짝 놀랐을 것이다.

어느 날 한 선교사가 초청 강사로 그의 교회에 왔다. 폴은 그 선교사를 한 번 쳐다보고는 혐오감에 고개를 흔들었다. 우선 그 남자는 다 구겨진 갈색 비단으로 된 초라해 보이는 양복을 입고 있었다. 그가 설교하기 시작했을 때, 그 목소리는 연약하고 가냘펐으며 몸은 허약해 보였다. '정말이지 남자답지 않군!' 폴은 생각했다. 선교사는 중국에서의 사역들을 이야기하면서 종종 손수건을 입에 갖다 대었다.

마침내 모임이 끝나자 폴은 그 사람에게 다가가서 도전적으로 물었다. "선교사님, 왜 그렇게 약해 보이십니까? 하나님의 사람이라고 하시면서 선교사님의 복장이나 말씀하시는 것을 보면 전혀 선교사처럼 보이지 않는군요!"

그 사람은 인내심 있게 설명했다. "아, 이 양복 말입니까? 죄송합니다만 중국에서 25년 동안 사역하느라 떠날 때 가지고 갔던 양복들이 다 낡아서 입을 수가 없게 되었답니다. 그래서 그 마을의 신자들이 함께 돈을 모아 비단을 사서 저에게 양복과 셔츠, 넥타이를 만들어 주었습니다. 재봉틀이 없어 손으로 일일이 꿰매다 보니 이렇게 되었다는군요."

그 선교사는 다시 손수건으로 입을 닦았고, 레이더의 얼굴에 나타난 혐오감을 알아채고는 계속 설명했다. "제 목소리는… 저는 자주 길거리에서 말씀을 전해야 했습니다. 그래서 때로는 두들겨 맞기도 했습니다. 한번은 깡패들에게 맞던 중 한 사나이가 목을 졸랐습니다. 그때 후두가 완전히 망가져서 더 이상은 침 타액선을 조절할 수 없게 되었습니다."

당황한 레이더는 중얼거리는 목소리로 사과를 하고 서둘러 혼자 있을 만한 곳을 찾았다. 그는 교회의 지하실로 내려가서 석탄 더미를 발견하고 그 위에 얼굴을 파묻고 완전히 엎드렸다. 그리고 하나님을 향해 통회하며 잘못된 태도에 대하여 회개했다. 그리고 자신도 그 선교사처럼 주님을 섬기겠노라고 기도했다.

폴 레이너는 그날 이후 진정한 선교사의 마음과 자세를 갖게 되었다. 목사로서, 선교 연합회의 지도자로서 수많은 청년들이 선교를 위해 그들의 삶을 드리는 데 큰 영향을 미쳤다.

기꺼이 가겠다는 의지와 함께, 예수님은 당신이 어떤 모양으로든지 그분이 필요로 하는 섬김에 사용될 수 있도록 다듬어지고 준비되기를 원하신다. 예수님은 우리에게 안락한 집에 거하거나 최신 유행하는 옷을 입게 될 거라고 약속하지 않으셨다. 그분의 군사들은 늘 편안한 잠자리를 갖기는커녕 때로는 잠잘 곳이 전혀 없기도 했다.

내가 속해 있는 이 선교단체에는 오직 예수님을 전하기 위한 목적으로 아직까지 복음을 들어보지 못한 숨겨진 부족들을 찾기 위해 여러 날 또는 몇 주 동안 밀림이 우거진 깊은 정글이나 산속을 여행하며 해먹이나 에어 매트리스에서 잠을 자며 생활하는 수천 명의 젊은이들이 있다.

브롤리아 리베리오가 바로 그런 젊은이 중 한 사람이다. 밝고 활달해 보이는 스물다섯 살의 브롤리아는, 겉으로는 용맹스런 군사처럼 보이지 않을지는 몰라도 실제로는 용감한 주님의 군사다. 브롤리아는 브라질의 평범한 중산층 가정에서 자랐지만, 1983년 이후부터 아마존 강에 있는 인디언 부족들 사이에서 YWAM 선교사로서 일해 오고 있다.

브롤리아와 그녀의 팀원들이 베이스캠프를 떠나 강 위쪽으로 여행할 때는 배를 타고 강을 탐험해 가는 데만 몇 주씩 걸리기도 한다. 그리고 어느 지점에서 조그만 나룻배로 갈아타고 가다가, 다음에는 외부인이 한 번도 가본 적 없는 부족들을 찾아서 정글 속으로 걸어 들어간다. 그 후에는 그 어떤 외부와의 접촉도 없이 그곳의 인디언들과 의사소통하는 방법을 배우면서 그곳에서 지낸다.

브롤리아는 몇 년 동안 한 달에 50달러 정도의 선교후원을 받으며 일해오고 있다. 그들은 이 정도 돈으로 적극적인 전도활동을 감당해 가고 있다(이것은 우리 브라질 YWAM 사역자들에게는 일반적인 일이다). 그들은 베이스캠프를 떠나 정글에서 머무는 동안, 낚시와 사냥을 통해 얻을 수 있는 것 또는 인디언들이 주는 것은 어떤 것이든 먹으며 지냈다. 때로 구운 원숭이나 쥐, 뱀을 먹을 때도 있었다. 그들은 또한 사생활이나 현대적 감각의 안락함을 완전히 배제한 채 인디언들과 함께 그들의 오두막에서 잔다. 게다가 아마존 강 유역에는 언제나 거머리가 많았고, 습기 때문에 밤낮으로 끈적거렸으며 모기, 독사, 벌레들이 우글거렸다.

아마존 강 유역에는 언제나 생명을 위협하는 위험이 도사리고 있는데, 가장 위험천만한 일은 낯선 인디언 부족을 처음 만나는 것이다. 원시인들이 처음 맞닥뜨린 외부인들을 두려워한 나머지 그들을 살해하는 것은 흔한 일이기 때문이다. 브롤리아와 그녀의 팀은 처음 수이부아하 부족을 방문하러 정글로 들어갈 때 그런 생각을 하지 않으려 했다. 일행은 주이루아하 부족의 존재를 다른 부족들로부터 듣고, 그들이 일러준 대로 이 부족이 있을 것이라 짐작되는 지역을 향해 나아갔다.

그런데 정글 깊은 곳에서 그들은 갑자기 무시무시해 보이는 표정을 한 남자들에게 포위당했다. 그 인디언들은 벌거벗은 몸에 붉은색을 칠하고 있었고, 독이 묻은 것 같은 화살을 갖고 있었다. 브롤리아는 어떻게 해서든지 그들에게 자신들은 그저 친구가 되기를 원한다는 것을 알리려고 몸짓으로 애써 설명하고 있었다. 그렇지만 인디언들은 당장에 싸울 기세로 그들을 노려보았다.

그러고는 그 사역자들을 사로잡아 옷을 벗기고 자신들의 몸에 염색한 것과 똑같은 붉은 빛깔을 사역자들 몸에 바르기 시작했다. 도대체 그들은 무엇을 하려고 했던 것일까? 브롤리아 일행을 죽이려고 하는 것일까? 브롤리아와 다른 이들의 목숨은 전적으로 그 인디언들의 손에 달려 있었다. 자매들 중 한 명이 울기 시작했다. 30분이 지난 후 그 인디언들은 그들에게 옷을 돌려주기로 결정했다.

전도팀은 그제서야 그 과정이 단지 주이루아하 부족이 자신들을 그들의 일원으로 만들려고 했던 환영식의 일종이었음을 이해하게 되었다. 인디언들은 팀을 마을로 안내했고, 팀은 드디어 아마존의 주이루아하 부족에게 처음으로 복음을 전하게 되었다. 아마존 강 유역은 주위로부터 고립되어 있기 때문에, 어떤 긴급한 상황이 발생했을 때 하나님의 전적인 도우심을 신뢰하는 것 외에는 다른 방법이 없다.

그 후 브롤리아와 훌다라는 소녀가 다시 그 마을을 방문하기 위하여 배를 타고 아마존 강으로 들어왔다. 이들은 안내자가 내려준 지점에서 다시 또 24시간을 걸어야 했다. 안내자는 35일 후에 그들을 위해 우편물과 일용품 등을 싣고 다시 돌아오기로 했다. 그러나 일주일 후 브롤리아의 친구인 훌다가 말라리아에 걸려 몹시 위독해졌다. 그들의 빈약한 의약품은 얼마 지나지 않아 곧 바닥이 났다. 긴급 요청을 할 무전기도 없었고, 그와 같은 장비를 마련할 재정적인 여유도 물론 없었다. 훌다는 극도로 몸이 쇠약해져서 열흘 동안 그물 침대에서 내려올 수조차 없었다. 아무런 조치도 취하지 않은 채 시간이 흘러간다면 그녀는 곧 죽게 될 것이 분명했다.

브롤리아와 몇 명의 인디언들은 꼬박 하루 밤낮을 걸어서 안내자가 그들을 내려주었던 그 강가로 다시 갔다. 브롤리아는 초조해 하면서 혹시 배가 있지 않을까 샅샅이 둘러보았으나 아무것도 보이지 않았다. 그들의 안내자가 오기로 약속했던 날짜는 앞으로 2주나 더 지나야 했지만 그래도 혹시 누가 그곳을 지나가지나 않을까 싶어 바랄 수 없는 상황 가운데서도 희망을 가졌다.

하루가 지나자 인디언들은 마을로 돌아가자고 재촉했다. 브롤리아는 자신의 친구 훌다가 이 상태로 있다가는 죽을 것이라는 것을 알면서도 어찌할 바를 모르고 절망감에 휩싸인 채 강둑에 서 있었다.

그때 하나님이 그녀에게 말씀하셨다. "마을로 돌아가라. 내가 훌다를 돌보겠다." 브롤리아는 강기슭에 도움을 요청하는 글과 자신들을 발견할 수 있는 길 안내도를 붙인 후 마을을 찾아올 수 있는 표시들을 남기면서 마을로 돌아왔다.

놀랍게도 훌다는 거의 3주 동안을 버텨냈다. 그리고 안내자는 약속된 때에 돌아와서 브롤리아가 붙여 놓은 안내판을 발견하고는 마을로 찾아와 훌다를 데려갔다. 그러나 의사가 있는 작은 마을에 도착하기까지 17일 동안이나 강을 따라가야 했다. 훌다는 40일이 넘게 앓았으나 결국 회복되었다. 이것은 수많은 모험 중 하나의 이야기에 불과하다.

브롤리아는 최근에 결혼하였고, 지금은 남편과 함께 주이루아하 부족 안에서 계속 사역하고 있다. 그들의 목표는 주이루아하 족의 언어로 성경을 번역하는 일이다.

아마존 강 유역에서 일하고 있는 사역자들은 복음을 전하기 위해 극히 열악한 상황 속에서 일하고 있는 전 세계 수천의 젊은 하나님의 군사들 중 일부에 지나지 않는다. 필리핀 마닐라에는 1만여 명의 무단 거주자들이 살고 있는 큰 쓰레기 더미 주변에서 그들을 위해 사역하고 있는 팀들이 있다. 베이루트, 레바논, 태국 국경에 있는 피난촌에서, 또는 다른 위험과 고난 속에서 사역하고 있는 이들도 있다.

그러나 이 젊은이들을 만나게 된다면 그들이 순교자나 신비주의자처럼 보이지는 않을 것이다. 그들은 자신이 하고 있는 일에 대한 흥분과 특권에 사로잡혀 있는 젊은이들이다. 열대의 무더위나 그들을 무는 벌레들은 그들에게는 관심 밖의 일이다. 그들의 관심은 오직 사람들의 삶에 급진적인 변화를 가져오도록 자신들을 사용하시는 하나님께 있다. 예수님이 그러셨던 것처럼 그들도 앞에 있는 더 큰 상을 바라보고 그들의 고난을 감내하는 것이다.

20세기 초반, 런던 신문에 다음과 같은 광고가 등장했다.
'위험하고 모험적인 여행을 하려는 사람들 모집함. 낮은 급료, 쓰리도록 차가운 추위, 수개월에 걸친 어두움, 계속되는 위험, 안전하게 돌아오리라고 확신할 수 없음. 성공할 경우 명예와 안정이 주어짐.'
그 광고는 남극 탐험가 어니스트 섁클턴 경이 낸 것이었다. 그때 그 광고를 보고 수천 명의 사람들이 몰려들었다.

나는 정말 도전적이고 위험한 임무, 즉 자신의 모든 것을 포기하도록 요구되는 바로 그런 일을 기다리고 있는 수십만 명의 젊은이들이 이 세상에 있다고 믿는다. 당신이 바로 그중 한 사람일 수도 있다. 그에 대한 보상은 무엇인가? 세상에 있는 모든 사람에게 복음을 가지고 가는, 즉 모든 역사의 대단원, 역사의 클라이맥스를 장식하는 사람들 중의 한 사람이 되는 것이다.

안락한 집에서 편안히 살 수 있는 권리를 포기하는 것은 주님께 드리는 헌신의 일부에 지나지 않는다. 당신은 당신과는 다른 사람들, 생각하는 것이 다른 사람들과 함께 일하도록 부르심을 받을 수도 있다. 여러 가지 면에서 그것은 다른 것보다 훨씬 힘들다.

당신이 가장 편하다고 느끼고, 또 당신이 믿는 대로 다른 사람도 믿는 그런 교회로 가는 것이 잘못된 것은 아니다. 그러나 하나님이 지금 당신을 당신과는 전혀 다른 사람들과 일하도록 부르신다면 어떻게 하겠는가?

어쩌면 당신은 그들과 정치적으로나 더 힘들게는 교리적으로 다를 수도 있다. 그렇다면 어떻게 하겠는가? 우리 모두는 우리의 신앙을 순수하게 지키도록 애써야 하지 않는가? 그런데 어떻게 우리가 믿는 것과는 다른 식으로 믿는 사람들과 함께 일할 수 있겠는가? 우리는 이단과 배교(背敎)로부터 우리 자신을 지켜야 마땅하지 않는가?

나는 어떤 쟁점 뒤에 있는 '정신'이 '이해의 차이'보다 훨씬 더 중요하다고 확신한다. 이단의 정신은 진리에 무엇인가를 더하는 것이고, 배교(背敎)의 정신은 진리에서 무엇을 감하는 것이다.

우리들 가운데 얼마나 많은 사람이 모든 진리를 알 수 있겠는가? 주 예수 그리스도를 믿는 사람들 가운데 "난 모든 것을 알고 있소!"라고 말할 수 있는 사람이 있는가? 그리스도를 믿는 모든 사람들은 교리적으로 자신이 진리 가운데 있다고 믿는다. 그러나 우리 모두는 그 진리를 이해하는 데 완전하지 않다. 우리 모두는 지식 안에서 자라고 있기에 그 어느 누구도 모든 것을 아는 사람은 없다.

진리는 무한하고 우리는 유한한 이상, 우리 모두는 진리를 이해하기 위해 가야 할 길이 아직 멀었고 또한 배워야 할 것이 많이 있다는 것이다. 그 말은 곧 우리는 언제나 진리를 이해하는 데 있어 실수할 수 있다는 것이다.

우리는 하나님의 말씀에 어렸을 때부터 들어온 것들을 무의식적으로 더한다. 또 진리 중에 미처 알지 못하는 부분들이 있기 때문에 어떤 의미에서 우리는 진리에서 무언가를 빼내기도 한다. 그렇다고 해서 우리가 이단이나 배교자가 아니다.

교만은 이단과 배교를 가져오는 죄로서 우리로 하여금 고의적으로 하나님의 진리인 말씀에 얼마를 덧붙이거나 빼게 한다. 우리는 이런 것들에 대해 경계해야 하며, 그 대신 우리를 모든 진리 가운데로 인도하기 위해 오신 성령의 인도함을 따라 진리의 영으로 대화하도록 구해야 한다.

언젠가 침례교의 어느 목사님이 이것에 대해 말씀하시는 것을 테이프로 들은 적이 있다. 그는 어떻게 하나님이 그에게 남미의 가톨릭 신자들 안에서 일하도록 부르셨는지 이야기했다. 그는 그때 하나님께 항변했다. "그렇지만 하나님, 제가 어떻게 그들과 함께 일할 수 있습니까? 저는 그들이 행동하고 믿는 모든 것에 동의하지 않습니다." 그때 하나님은 이렇게 말씀하셨다고 한다. "내가 너와 함께 일하지만 나 역시 네가 하는 것과 믿고 있는 모든 것에 전적으로 동의하지는 않는단다."

우리가 정말 세계복음화라는 과업을 완수하기 위해 협력하여 성령 안에서 하나 됨을 이루며 움직여 나가기 원한다면, 그리스도의 몸 안에서 먼저 더 높은 차원의 겸손이 필요한 것이다. 그래서 우리 각 사람은 "내게 완전한 모든 진리가 있는 것은 아니다."라는 사실을 깨달을 필요가 있다.

하나님은 모든 진리를 어떤 개인이나 단체 또는 교단에게만 위임하지 않으신다. 그래서 성경조차도 오랜 기간 동안 많은 저자들에 의해 여러 지역에서 씌어졌다.

오늘날 하나님은 성경해석의 수많은 퍼즐 조각들을 다양한 성경 교사들과 그룹들에게 나누어 주셨다. 우리가 서로에게서 무언가 배울 것이 있다는 사실을 인정하면서 각자에게 이해된 만큼의 퍼즐 조각들을 하나로 맞추어 갈 때, 좀 더 큰 그림을 보게 될 것이다. 우리 중의 어떤 사람도 하나님 나라의 진리를 전체로 완전하게 볼 수 있는 사람은 없을 것이라고 생각한다. 그렇다면 그 동안 우리는 무엇을 해야 하는가?

반 하우스 박사는 존경받는 장로교 신학자요, 《영원》(*Eternity*)이라는 잡지의 전신인 《계시》(Revelation)의 편집장이었다. 비록 그는 오순절파가 교리적으로 잘못된 것이라고 가르쳤지만 생애 말년에 오순절파의 초청을 받아들여 일주일간 오순절파 교인들에게 말씀을 전했다. 나중에 그는 이렇게 말했다. "그들이 믿고 있는 95%는 나도 믿고 있는 것이고, 2%는 완전히 모순되는 것이고 3%는 모호한 부분이라는 것을 알았습니다. 그래서 나는 '주님 안에 있는 형제자매를 위해 5%의 차이를 무시할 수 있다.'고 결심했습니다."

에베소서 4장에서는 우리가 믿음의 일치에 도달할 그날까지 성령의 하나 됨을 지켜야 한다고 말씀한다(2-13절). 우리는 믿음의 기본 근거들, 즉 그리스도의 신성과 주 되심, 성경을 하나님의 말씀으로 받아들이는 것, 십자가의 역사(役事), 그 외 신앙의 다른 중요한 교리들에 동의해야 한다. 그러나 우리가 동의하지 않는 부분은 하나님께 맡기고 우리의 마음을 올바르게 지켜야 한다. 우리의 책임은 하나 됨의 정신, 즉 예수 그리스도의 정신을 지켜 나가기 위해 우리가 할 수 있는 모든 것을 다하는 것이다(요 17장).

예수님이 너희들이 같은 교리의 의견을 가졌기에 모든 사람이 너희가 내 제자인 것을 알리라고 말씀하셨는가? 아니다. 그분은 서로를 향한 사랑 때문에 우리가 그분에게 속한다는 것을 모든 사람이 알 것이라고 말씀하셨다. 당신은 아마도 전환란이나 무천년설을 주장하는 자이기니 섭리주의자 또는 교조주의, 칼빈주의, 아르메니아파일지도 모른다. 그렇지만 그에 상관없이 우리는 예수의 피가 우리를 죄에서 깨끗케 하시는 한 서로 교제할 수 있는 것이다.

만약 당신이 교리적인 차이로 자신을 예수님의 제자들과 분리시키려 한다면, 나는 그것이 당신에게 있어 반드시 넘어뜨려야 하는 우상이라고 말할 것이다. 그 어떤 교리적 주장도 사람이 만든 것에 불과하다. 당신은 『하나님의 밀수꾼』의 저자인 브라더 앤드류처럼 할 수 있겠는가? 누가 그에게 편지로 어떤 교리적 주장에 대해서 물으면 그는 그 사람에게 우편으로 성경을 한 권 보내준다.

우리는 현실적인 면에서 서로를 필요로 한다. 그것은 마음의 태도 그 이상의 것이다. 만약 그리스도의 몸이 그분의 지상명령 The Great Commission을 완성하려고 한다면, 실제적인 면에서 협력을 추구해야 할 필요가 있다. 우리는 서로 대화해야 하며 수고와 노력의 중복을 피하고 가능한 곳에서 서로 보완해 나가야 한다.

우리는 우리가 해야 할 아주 거대한 임무를 가지고 있으므로 하나님의 계획 안에서 다른 사람들과 충돌하지 않는 발전의 형태를 찾아야만 하는 것이다.

하나님의 영이 각기 다른 배경을 가지고 있는 사람들에게 부어지면 그 사람들은 조직적으로는 연합되지 않지만, 예수님 안에서는 간단히 연합된다. 이것이 그분의 하나 되게 하시는 방법인 것이다. 만약 당신이 오늘날 하나님이 하시는 일의 일부분을 담당하고 있다면, 당신의 방식대로 일하고자 하는 권리와 다른 사람들을 판단하는 것을 포기해야 한다. 어쩌면 당신이 '옳다'는 것을 증명하려는 권리까지 포기해야 할지도 모른다.

제2차 세계대전 중에 수천 명의 그리스도인들이 히틀러의 감옥과 수용소에서 고통을 받았다. 그중 마르틴 니오뮬러라는 한 독일인이 있었다. 그는 독방에 수감되었다가 성탄절에 다른 세 명의 그리스도인 죄수가 있는 감방으로 옮겨졌다. 그중 한 명은 구세군 출신이었고, 한 명은 오순절파, 또 다른 사람은 감리교도였으며, 니오뮬러 자신은 독일 자유 복음주의 교회 출신이었다. 그들은 폭격에 불타버린 문짝을 발견하고는 그것을 마룻바닥 위에 올려놓아 탁자로 삼았다. 거기에서 그들은 매일 받는 검은 빵과 물로 성찬식을 했다. 니오뮬러는 이렇게 말했다. "우리가 그 차가운 돌 마루 위에 같이 무릎 꿇고 엎드렸을 때, 우리의 신학적 차이나 교리적 차이는 눈 녹듯이 사라졌다."

그리스도의 몸은 감옥이 아니다. 예수 그리스도 안에서 진정한 자유를 발견한 사람들의 교제인 것이다. 그 자유 안에서 행할 때 우리는 좋은 것들을 마다하게 되고, 더 위대한 무엇인가를 찾도록 하나님이 우리를 부르셨다는 것을 알게 될 것이다. 그 부르심은 곧 그분의 지상명령을 수행하는 종으로서, 우리와는 다르지만 동일하게 하나님을 섬기는 사람들과 하나가 되라는 것이다.

그분이 바로 지금 당신에게 이와 같은 자유 안에서 행하도록 부르고 계시지는 않는가?

06 명예를 내려놓을 때

명예를
내려놓을 때

해마다 우리 YWAM 학교에 오셔서 말씀을 전하시던 캠벨 목사님에 대한 기억은 그가 1974년 주님 곁으로 떠난 이후에도 언제나 내 마음속에 생생하게 살아 있다. 설교 강단에 자신을 박아둔 것처럼 꼿꼿하게 서 계시던 모습이며 스코틀랜드 방언 특유의 발음으로 하나님의 말씀을 선포하시던 기억 때문이기도 하겠지만 말이다.

캠벨 목사님은 1950년대 스코틀랜드 교회Church of Scotland의 목회자였다. 그분은 당시 스코틀랜드의 헤브라이드 섬에서 일어났던 신약 시대와 같은 엄청난 부흥을 직접 목격했었다. 그는 그 당시 하나님이 초자연적인 방법과 우리의 상상을 뛰어넘는 방법으로 사람들을 다루시던 것을 본 그대로 우리에게 말씀하셨으므로 우리 안에도 이 시대의 그와 같은 부흥이 일어나기를 갈망하는 마음이 일어났다.

아직도 내 마음 안에 그 은발의 하나님의 사람이 들려준 "나는 천국에선 유명하고 지옥에선 두려움의 존재가 되길 원한다.'라는 한 마디가 그 말씀을 처음 들었던 때처럼 쩌렁쩌렁 들리는 듯하다.

많은 사람들이 그 말씀에 깊이 감동되었다. 그러나 그 말씀이 우리 자신의 삶 속에서 실현되도록 하기 위해, 하나님이 주신 가장 귀중한 선물 중 하나인 우리의 명예를 기꺼이 포기하고 내려놓을 수 있겠는가?

명예는 우리가 갖고 있는 가장 귀중한 것 중 하나이다. 최근에 전 백악관 보좌관이 오랜 법정투쟁 끝에 자신의 무죄를 증명했다. 재판에서 승소한 후 그는 기자회견을 열고 이렇게 물었다. "내가 어디서 나의 명예를 되찾을 수 있는지 누구든지 말씀해 주시겠습니까?" 대개 우리는 명예를 잃게 될 때까지는 그것의 가치를 모르다가 그것을 잃고 나서야 잠언 22장 1절의 "많은 재물보다 명예를 택할 것이요."라고 하는 말씀을 이해하게 된다.

모순되겠지만, 만일 우리가 '천국에선 유명하고 지옥에서는 두려움의 존재'가 되기 원한다면 우리는 이 세상에서 기꺼이 우리의 명예를 포기해야 한다. 예수님이 이 땅에 오셨을 때 그분은 아무런 명예도 갖지 않으셨다(빌 2:7). 그분은 하나님의 뜻을 행하시기 위해서 사람들의 멸시와 비방을 짊어지셨다. 성경의 많은 하나님의 사람들이 하나님께 순종하기 위해 명예를 잃는 고난을 감당했다. 노아나 예레미야, 미리암, 바울의 입장에서 생각해 보라. 그들은 당시에 그렇게 인기 있던 사람들이 아니었다.

역사의 한 페이지를 장식했던 위대한 하나님의 사람들을 살펴보자. 그들이 살았던 그 시대에는 조롱과 비방을 당했다. 그중 한 사람이 존 웨슬리다. 현대 역사학자들은 그와 그의 동생 찰스, 그리고 조지 휫필드가 영국의 피비린내 나는 혁명을 막은 사람들이라고 평가하고 있다.

웨슬리의 설교는 압제를 받으며 힘없이 살고 있던 노숙자들과 뒷골목의 사람들에게 소망을 주었다. 그렇지만 그 당시의 성직자들은 그를 이단이라 불렀고 교회 밖으로 내쫓기도 했다. 그에 대한 온갖 좋지 않은 소문이 나도는가 하면, 그는 온갖 죄목에 붙여져 고소를 당하기도 했다. 정부와 사회의 고위직에 있는 사람들과 교회 지도자들의 주도로 그를 반대하는 책과 전단이 나돌았다. 또한 그는 수십 번이나 그를 반대해서 일어난 폭도들에 의해 죽을 뻔했다. 웨슬리는 이와 같은 것을 지극히 정상적인 것으로, 즉 자신이 그 사역 안에서 하나님께 순종하고 있는 증거로 받아들였다.

하루는 웨슬리가 말을 타고 가고 있었다. 그런데 이상하게도 그 며칠 동안은 아무런 핍박도 당하지 않았다. 며칠 동안 어느 한 사람 벽돌이나 계란을 던지지 않았다는 사실을 깨닫는 순간 그는 깜짝 놀랐다. 그는 곧 말을 멈추고 내려와 땅에 무릎 꿇고 엎드려 부르짖었다. "하나님, 혹시 제가 죄를 짓고 타락한 것은 아닙니까? 제가 잘못한 것이 있다면 보여주십시오!"

그 반대쪽 울타리 한쪽 끝에서 그 기도를 듣고 있던 한 사나이가 그가 바로 웨슬리임을 알아보았다. "잘됐군, 저 감리교 목사를 내가 손 좀 봐야겠어!" 그는 벽돌 하나를 집어 웨슬리에게 던졌다. 벽돌은 웨슬리를 살짝 빗겨갔다. 그러자 웨슬리는 "하나님 감사합니다. 아, 괜찮았군요. 제가 아직도 당신의 임재하심 가운데 있었군요."라며 펄쩍 뛰며 좋아했다.

어떤 사람이 당신에게 벽돌을 던진 지 얼마나 되었는가? 모든 사람이 당신을 좋아한다고 해서 당신이 그리스도를 올바르게 따르고 있다고 확신할 수 있는가?

나는 오늘날 하나님을 섬기고 있는 사람들 중에서 인간적인 명예를 잃는 아픔을 겪지 않은 채 효과적으로 사역하고 있는 사람을 한 사람도 본 적이 없다. 나는 여러 명의 영향력 있는 그리스도인 지도자들을 알고 있다. 그들은 하나같이 오해받고 조롱당하고 심지어는 언론이나 성직자들에 의해 명예를 훼손당하는 고통을 당하였다.

유럽계 유대인들을 구출하는 데 참가했다는 명목으로 나치의 집단 수용소에까지 수감되었던 네덜란드인 코리 텐 붐 여사는 종종 열방대학에 와서 말씀을 전해준 나의 오랜 친구다. 그녀의 유명한 책 『주는 나의 피난처』(생명의말씀사 역간)를 배경으로 영화가 만들어진 후 어느 날, 나는 그녀에게 물었다. "코리, 당신의 책과 영화를 통해서 하나님이 하신 일이 놀랍지 않아요?"

그녀는 고개를 끄덕이면서 부드러운 목소리로 대답했다. "맞아요. 로렌, 그렇지만 나는 날마다 단지 죄수번호 66730의 죄수일 뿐임을 상기합니다." 그것은 그녀가 라벤스부르크 집단수용소에서 포로로 있었을 때의 죄수 번호였다.

코리 여사도 연단을 거쳤다. 수용소에 있을 때 그녀는 나치 친위대 경비병 앞에서 발가벗은 채로 목욕 순서를 기다리면서 자신의 명예를 버리는 아픔을 감당해야 했다. 40대 후반의 독신녀로서 어떻게 그들의 잔인하고 조롱에 찬 눈길을 감수한 채 그곳에 서 있을 수 있었을까. 그때 주님은 그녀에게 그분 역시 십자가에 매달려 있을 때 모든 사람이 볼 수 있도록 발가벗겨져 있었음을 기억나게 해주셨다고 한다. 그리고 그분을 쳐다본 모든 사람들이 그분을 멸시했다는 사실도 기억나게 해주셨다. 우리를 구원하시기 위해 모든 명예를 포기하신 것까지도 말이다.

이것은 당신의 명예를 잃어버리기를 구하라고 말하는 것이 아니다. 물론 당신은 은행 강도가 되어 명예를 잃을 수 있다. 그러나 우리는 그러한 것을 말하는 것이 아니다. 당신은 때로 옳은 일을 하고 자신의 행동에 전적으로 책임을 지며, 온전히 하나님의 뜻에 순종하지만 사람들의 이해를 받지 못하거나 명예를 잃게 될 수도 있다. 놀라운 사실은 그때서야 당신의 명예가 곧 그분의 명예가 된다는 점이다.

1800년대에 아프리카에 선교사로 갔었던 데이비드 리빙스턴은 스코틀랜드에서 의사로서 훌륭한 장래가 보장되는 것을 뒤로한 채 선교사로 떠났다. 그의 형은 그를 꾸짖었다. "너는 네 원대로 너의 인생을 그 정글의 미개인들 속에 묻어버리겠지만, 나는 이곳 영국에서 명성을 얻을 것이다."

그의 형은 후에 당대의 알려진 의사가 되었지만 오늘날 『브리태니커 백과사전』(The Encyclopedia Britannica)에는 '유명한 선교사 데이비드 리빙스턴의 형'이라고 겨우 한 줄 언급되어 있을 뿐이다. 반면에 데이비드 리빙스턴은 무려 14단락으로 자세히 소개되어 있다. 그는 죽으면서 자신의 심장을 아프리카에 묻어달라고 요청했다. 사람들은 신체의 나머지 부분을 영국으로 가져와 왕족의 예식으로 장례를 치렀고, 그의 유골은 웨스트민스터 사원의 중앙제단 옆에 안치되었다.

주님이 당신에게 포기하라고 하시는 것은, 사람들이 당신을 미쳤다고 생각하거나 합리적이지 못한 일을 하는 자로 여기는 등 명예에 관한 것 이전에 다른 것일 수도 있다.

몇 년 전, 주님은 내게 자명종을 사용해서 일어나는 대신 주님이 말씀하기 원하시는 때에 언제든지 일어나라는 도전을 주셨다. 이것은 수개월을 지나 지금까지도 계속되고 있다. 지금도 때때로 아주 이른 시간에 하나님이 나와 교제를 원하신다는 사실을 알기에 기대감에 부풀어 깨어나기도 힌다. 이것은 고난이 아니라 오히려 특권이다.

6. 명예를 내려놓을 때

또 어떤 때는 하나님이 혼자서 혹은 그룹으로 밤을 새워 기도하기를 원하시는 때도 있다. 그러나 이러한 것이 곧 우리가 금욕주의의 고행을 해야 한다는 말은 아니다. 하나님은 우리에게 잠이 필요한 것을 아신다. 다만 우리의 육신을 창조하신 주님, 그러므로 애초에 잠이라는 것을 만들어 내신 하나님은 우리가 그분과 함께 시간을 보내느라 잠자는 시간을 줄였을 때, 잃어버린 잠을 우리에게 충분히 보상해 주실 것이라 믿는 것이다.

주님이 우리를 금식하며 기도하도록 인도하실 때는 어느 일정한 기간 동안 음식을 먹을 수 있는 권리를 포기해야 한다. 예수님이 제자들에게 "금식할 때에 외식하는 자들과 같이" 하지 말라고 말씀하실 때 '만약 금식하려면'이 아니라 '금식할 때'라고 하신 것을 기억하자. 비록 다른 사람들이 보기에는 비합리적으로 보일지라도 예수님을 따르는 제자라면 그분이 인도하실 때에 언제든지 금식을 해야 하는 것이다.

이 모든 것들에 있어서 억지로 행하거나 율법주의를 따르지 않도록 주의해야 한다. 또한 주님의 말씀에 순복하여 그분과 함께 행하는 데서 오는 흥분과 만족을 누리기 위한 기쁨으로 순종해야 한다. 수천 년의 세월 동안 소위 '거룩'하다는 사람들이 쾌락을 포기하고, 그들의 몸을 채찍질하면서 못이 세워져 있는 침대에 눕고, 심지어 호흡의 횟수도 제한하면서 주님을 기쁘시게 또는 만족시켜 드리려고 노력해 왔다.

이런 사람들이 하나님과 관계 맺는 방식을 우리의 결혼생활에 적용해 보자. 그는 아침에 눈을 떠 자신이 결혼했다는 사실을 상기하고는 이렇게 다짐을 한다. "오늘도 또 하루가 시작되는군. 나는 결혼했고 아내가 있지. 그래, 나는 내 아내에게 키스해 줘야 하고 잘 대해 주어야만 해."

이것이 올바른 태도인가? 올바른 태도는 의무 때문에 행하는 것이 아니라 배우자를 사랑하는 기쁨 때문에 그 행동 자체를 즐거움으로 삼는 것이다. 그리스도인으로서 하나님의 임재 앞에 거하는 것이 권리포기에 대한 보상보다도 큰 기쁨이 되어야 한다.

또 다른 기본적인 권리는 자유할 수 있는 권리다. 이것은 특히 나 같은 서구의 그리스도인들에게는 너무나 기본적으로 보이는 권리 중 하나다. 모든 사람은 자유의 권리를 갖고 있다. 우리 같은 서구인들은 한 번도 우리의 자유를 잃어버려 본 경험이 없지만 이 권리 역시 하나님께 돌려 드려야만 한다. 우리의 진정하고 유일한 자유는 그분을 순종하는 자유다. 이 말은 하나님 앞에서 우리의 권리를 포기하는 것에 대한 기쁨을 모르는 사람들에게, 더군다나 그렇게 함으로써 위험에 처하게 된다고 믿는 사람들에게는 마치 미친 소리로 들릴 것이다.

25년 전 아시아의 한 회교 국가에서 있었던 일이다. 나는 250명의 지적이고 열정적인 그리스도인 학생들로 가득 찬, 덥고 혼잡한 체육

관을 둘러보고 있었다. 그때 만약 내가 제안하고자 하는 일을 할 경우, 우리 모두는 저녁 무렵이면 감옥에 갇히게 될 것이었다. 벽에 달려 있는 몇 대의 선풍기들이 후덥지근하고 축축한 바람을 일으키고 있었다.

나는 마가복음 16장 15절 말씀을 펴고 말하기 시작했다. "당신들의 나라인 이 회교 국가에서는 무슬림에게 복음을 증거하는 것이 위법입니다. 법을 위반하면 5년의 징역과 2만 5천 달러의 벌금을 물어야 합니다. 그렇지만 저는 하나님이 모든 족속에게 복음을 들고 가라고 말씀하셨을 때에는 말 그대로 무슬림을 포함한 모든 족속이라고 믿습니다."

맨 앞줄에 앉아 있던 달린을 바라보았다. 그녀 옆에는 몇 명의 외국인 선교사들이 앉아 있었다. 우리가 결혼한 지 겨우 두 달밖에 되지 않았을 때였다. 그때 순간적으로 나는 아시아의 아주 작은 감옥에 갇혀 있는 그녀를 상상해 보았다. 과연 내가 그렇게 할 수 있을까? 그 더운 체육관 안은 쥐죽은 듯 정적이 흐르고 있었다.

"만일 오늘 오후에 이 도시의 거리로 나가서 만나는 사람 누구에게든지 예수님에 대해 전하기를 원하는 사람, 그렇게 하는 것이 곧 감옥에 갇히는 것을 의미한다 해도 그렇게 하기를 자원하는 사람은 일어나 주시기 바랍니다." 몇몇이 미소를 지었다. 그들의 눈은 복음의 열정으로 반짝이고 있었다. 외국인 선교사들을 포함한 모든 사람들이 일어섰다. 내가 그들에게 그들이 처할 수도 있는 위험에 대해 다시 한 번 상기시켰지만, 그들은 당당하게 걸어 나가 밖에 세워 놓았던 버스에 올라탔다. 이윽고 우리는 두 사람씩 짝지어 몇몇 팀으로 도시의 각 지역에 성경과 전도지를 들고 나아갔다.

나는 하나님이 당신에게 말씀하지 않는 이상 복음의 문이 닫혀있는 나라에서 우리와 같은 일을 하라고 권장하지는 않는다. 그렇지만 당시 우리는 회교도들(머리에 쓴 두건으로 그들이 분명히 회교도들이라는 것을 알 수 있는 이들)을 포함해서 우리가 만나는 모든 사람에게 복음을 전했다. 비록 하나님이 우리에게 하라고 명령하신 일을 하고 있다고 생각했지만 우리 모두는 다소 무모해 보이는 일을 하고 있었다.

후에 팀들이 돌아와 그동안에 있었던 일들을 나누었다. 많은 사람들이 예수 그리스도를 개인적으로 알게 되고 영접하는 것을 보았다. 우리가 깨달았던 놀라운 사실은, 우리의 메시지와 성령이 주신 확신이 체포의 위험으로부터 보호막이 되었다는 사실이었다.

우리 중 두 명의 젊은이는 자신들에게 복음을 듣고 있던 사람이 개종하려는 사람들을 고발하는 비밀경찰인지도 모른 채 복음을 증거했던 일에 대해서 나누었다. 그 비밀경찰은 두 사람이 말을 마친 후에 자신이 누구인지 밝혔다. 그렇지만 그는 두 사람을 체포하지 않았다. 두 젊은이는 그 비밀경찰이 자신들을 고발할 수 있었음에도 불구하고 그렇게 하지 않았던 것은 복음을 듣고 감동을 받아 바로 자신이 그 복음을 가져야 할 사람임을 깨달았기 때문이라고 했다.

그것은 1963년의 일이었다. 그 이후에도 수천 명의 젊은이들이 소련이나 몽골, 중국과 같은 나라들에 들어가서 담대하게 그들의 믿음을 전했다. 그중의 어떤 이들은 체포당했다가 풀려나기도 했다. YWAM의 아프리카인 사역자 사루 다카느데벨레는 1975년 공산주의 혁명 이후, 모잠비크의 감옥에 18개월 동안 갇혀 있었다. 감옥에 있을 때, 사루는 자신에게 모든 선교 소식과 기도 제목을 보내 달라고 했다. 감옥에 있는 시간에 우리 모두를 위해 기도하기 위해서였다.

내가 지금 이 글을 쓰고 있는 동안에도 네팔에서는 우리의 몇몇 동역자들이 재판을 앞두고 있는데, 그들은 믿음 때문에 몇 년의 형이 선고될지도 모르는 상황에 있다. 미국 텍사스 휴스턴에서 온 킨드라 브라이언이라는 자매는 아프리카에서 게릴라들에게 붙잡혀 지난 3개월 반 동안 포로생활을 하다가 최근에 풀려났다. 스위스 출신의 사역자는 레바논에서 반정부군들에게 두 번이나 붙잡혔었다.

북한이나 티베트, 몽골, 아프가니스탄, 사우디아라비아 그리고 그 외 세계의 여러 나라들이 아직도 복음화되지 않은 이유는 우리가 자유에 대한 우리의 권리를 기꺼이 주님께 드리지 않았기 때문이다. 앤드류 형제는 "당신이 기꺼이 가서 다시는 나오지 않겠다는 각오가 있는 한 이 세상에 복음이 못 들어가는 나라는 없다."고 말했다.

바울은 이 권리에 대해 포기했었고, 신약성경의 대부분은 그가 감옥에 갇혀 있던 시간들의 결과물이다. 바울은 스스로 예수님의 종이 되었지만, 감옥 안에 있든지 밖에 있든지 그는 진정한 자유인이었다. 그 어떤 사람도 그의 자유를 빼앗을 수 없었다. 한번은 그가 사슬에 묶여 간수의 감시를 받고 있었다. 앤드류 형제는 "아마도 이때 바울은 '주님, 밤 12시에도 자리를 떠나지 않을 청중을 주셔서 감사합니다.' 하고 기도했을 것"이라고 말했다. 바울은 그의 간수들이 교대할 때까지 복음을 전했고, 교대하면 또 다른 청중을 얻게 되었던 것이다.

그렇다면 정말 사슬에 묶여있는 자는 누구이겠는가?

우리는 전 세계 3분의 1이 복음에 대해 문이 닫혀 있다는 소리를 종종 듣게 된다. 이 말은 어디에서 비롯되었으며, 누가 그 3분의 1을 폐쇄시켰는가? 이것이 진정 하나님의 계획일까? 그분이 "너희는 정치적으로 자유가 보장되고 복음을 전하는 것이 법적으로 보장된 모든 세계에 가서 모든 족속에게 복음을 전하라."고 말씀하셨던가? 그렇지 않다. 오직 마귀만이 각 나라의 복음의 문을 닫기 원한다. 만일 마귀가 당신으로 하여금 어느 나라에 복음의 문이 닫혀져 있다고 믿게 한다면 그 나라는 당신에게 있어서 복음의 문이 닫힌 곳이 되는 것이다. 그렇지만 우리가 자유에 대한 우리의 권리를 포기한다면 오늘날 우리는 어떤 나라에도 갈 수 있다.

복음의 가장 위대한 업적이 지금 우리 시대에 세워지고 있으나 서구에 살고 있는 대부분의 사람들은 그런 일이 일어나고 있다는 사실조차 모르고 있다. 그렇지만 이러한 사실들은 하늘나라에 잘 알려져 있고 기록되어 있어서 언젠가 우리는 이 모든 이야기들을 듣게 될 것이다. 수년 동안 소련으로 방송되는 기독교 방송을 위해 사역했던 러시아 태생의 얼 포이스티 목사님을 만난 적이 있었다. 소련을 방문하고 돌아온 한 방문객이 목사님에게 다음과 같은 놀라운 소식을 전해 주었다.

14년쯤 전에 한 목사님이 복음을 전하다가 감옥에 갇히게 되었다. 감옥에 도착했을 때 그는 하나님이 그 감옥을 자신의 선교지로 주셨다고 믿었다. 그는 그 안에서 가장 흉악한 범죄자를 찾아보았다(소련 감옥은 정치·종교범들을 일반 절도범이나 다른 죄수들과 함께 수용한다). 그가 기도하면서 노력을 기울인 사람은 한 살인자였는데 그 사람은 너무나 포악해서 그 감옥의 간수들조차 두려워했다.

감옥에서는 하루 12시간씩 노동하도록 규정되어 있는데, 그 목사님은 '금식하며 그를 위해 기도하는 것만이 그에게 복음을 전할 수 있는 유일한 방법이겠구나.'라고 생각했다. 목사님은 계속해서 고된 일을 해야 했음에도 불구하고 빈약한 교도소 음식마저 거절했다. 다른 사람들이 지쳐서 잠에 곯아떨어졌을 때 그 목사님은 침대에서 내려와 마룻바닥에 엎드려 그 살인자의 구원을 위해 기도했다.

하루는 밤에 무릎을 꿇고 눈물을 흘리며 기도하고 있었는데, 누군가 뒤에 서 있음을 느꼈다. 돌아보자 그 살인자가 그의 얼굴을 주시하며 물었다. "당신, 지금 뭐하고 있는 거야?" "기도하는 중이오." 그러자 그는 또다시 퉁명스럽게 되물었다. "무엇을 위해 기도하지?" "당신을 위해 기도하고 있었소." 목사님이 눈물을 닦으며 대답했다.

얼마 후에 살인자는 그의 마음을 주님께 드렸다. 그의 변화가 너무나 엄청났기에 그 소문은 교도소 전체로 퍼져 나갔다. 마침내 교도소 소장이 목사를 불러 도대체 그에게 어떻게 했는지를 물었다. "나는 아무것도 한 것이 없습니다. 나는 그저 그를 위해 기도했을 뿐이고 그를 변화시키신 분은 하나님이십니다." 그러자 교도소 소장이 재차 물었다. "하나님이란 존재하지 않소. 대체 어떻게 했소?" 목사는 자신이 했던 말을 반복해서 말했다. 그러자 소장이 목사에게 말했다. "좋소, 나는 하나님 따위에 관해서 말하는 것을 별로 좋아하지 않소. 그렇지만 내가 본 이러한 변화에 대해서는 환영이오. 그 살인자에게 했던 것처럼 다른 사람들을 변화시킬 수 있는 더 많은 시간을 갖도록 좀 더 쉬운 일을 주겠소. 앞으로는 부엌에서 일하도록 하시오!"

그 교도소는 소련 전역에서 두 번째로 악명 높은 곳이었지만, 얼마 후에 점점 더 많은 사람들이 예수님께 돌아옴으로써 전체 교도소의 분위기가 놀랍게 변화되었다.

그 후에 목사님은 소련에서 가장 악명 높은 교도소로 보내졌는데, 만약 그곳에서 그와 같은 변화를 가져올 수 있다면 그를 일찍 석

방시켜 주겠다고 약속했다.

하나님의 역사가 그 두 번째 감옥에서도 시작되었고, 그는 아내에게 아픔을 줄 수밖에 없는 편지를 쓰기에 이르렀다. 편지에서 그는 아내에게 그의 결정에 대해서 이해해 줄 것을 간청했다. 그때 그는 교도소에서의 사역을 계속하기 위해 가석방을 거절하고 있었다.

이 목사님은 자유의 권리를 하나님께 드림으로써 주님께서 자신을 놀라운 방법으로 사용하시는 것을 보는 특권을 누릴 수 있었다.

"대가를 지불하지 않는 기독교는 아무런 가치가 없다."라는 말을 들은 적이 있다. 이것을 역으로 생각해 보면 "누구든지 그의 계명을 순종하는 자는 아버지께 사랑을 받고, 삶 속에서 핍박과 고난과 함께 위대한 기적들을 보게 될 것이다."라는 예수님의 약속과 통한다고 하겠다.

16년 동안 YWAM 안에서 수천의 젊은이들이 때때로 극히 위험한 곳으로 보냄을 받고 그곳으로 갔지만 목숨을 잃은 사람은 한 명도 없었다.

아날리, 마리아라고 하는 핀란드 출신의 두 자매는 잠비아의 한 마을에서 지저분한 흙바닥에 짚을 깐 뒤 그 위에 침낭을 깔고 그 속에서 잠을 자며 생활하고 있었다. 일주일 동안 매일 밤 둘 중 한명이 "너 무슨 소리 안 들리니?"라며 무서워하면 다른 한 사람이 안심시켜 주면서 잠이 들었다. 그들은 주말에 오두막을 청소하기로 했다. 그런데 짚을 깔아놓은 바닥, 즉 그들의 침낭 바로 밑에 코브라의 둥지가 있는 것을 발견했다.

YWAM의 사역자들은 차가 굴러 떨어지는 등 아주 치명적인 자동차 사고를 수차례 당하기도 했지만 그때마다 아무도 심하게 다치지 않았다. 바하마의 롱아일랜드에서는 버스의 브레이크가 고장나서 달리는 버스를 세울 수가 없었다. 그 버스는 도로를 벗어나 덤불 위를 지나면서 큰 나무 쪽으로 돌진하고 있었는데, 버스가 나무에 부딪히기 직전 멈추었다. 그래서 차 안에 있던 젊은이들이 밖으로 나와 버스 밑을 들여다보니 단단한 포도나무 덩굴이 차바퀴 축을 휘감고 있었다. 이 포도 덩굴이 버스가 나무에 부딪히기 직전에 버스를 멈추게 했던 것이다.

그동안 의료상의 응급 상황도 여러 번 발생했었다. 그렇지만 그때마다 의사를 제시간에 발견하거나 사람이 살지 않는 외딴 곳에 갑자기 헬리콥터가 착륙해서 조종사가 환자를 수송해 주기도 했다. 1960년부터 1976년까지 사역자들이 체포되기도 하고 구금되기도 했지만 죽은 사람은 아무도 없었다. 일정 기간 동안 수천 명의 사람들이 한 부르심 안에 섬기다 보면 통계적으로 자연사하거나 사고로 죽는 사람이 생기는 것은 당연하다. 그런데 그 기간 동안 죽은 사람이 하나도 없었다. 그때 우리는 죽음을 보지 않아도 되는 마법에 걸린 삶을 살고 있는 것 같았다.

주님은 1976년에 우리 선교단체가 자리를 잡아가는 기간 동안 특별한 보호하심을 지속하고 계셨지만, 이제 우리는 많은 사람들의 죽음을 보게 될 것이라고 하셨다. 마침내 우리는 그리스도를 믿고 증거한다는 한 가지 이유로 죽임을 당하는 순교자들을 우리 몸에서 보게 될 것이었다.

그해 7월 몬트리올 올림픽에서 있었던 전도여행 때 1,600명의 사역자들과 함께 이 말씀을 나누었다. 그러고 나서 6개월이 지나기 전 우리 선교단체 안에서는 처음으로 두 명의 사상자가 나왔다. 그것으로 끝나지 않았다. 필리핀에서 사역하고 있던 3명의 사역자들이 살해당했으며, 몇몇의 사람들은 아프리카에서 열병으로 죽음을 맞았다. 이들의 부모나 사랑하는 사람들에게 연락을 해서 그들의 귀한 자녀 또는 부모님이 세상을 떠났다는 소식을 전할 수밖에 없는 아픔은 이루 말할 수 없다.

주님은 그의 군대에 목숨을 바쳐야 하는 사상자가 없을 것이라고 약속하지 않으셨다. 그는 제자들을 보내시면서 예수님과 복음을 위하여 죽음의 고난도 당하게 될 것이라고 말씀하셨다. "사람이 형제를 위해 그의 생명을 내어놓는 것보다 더 큰 사랑이 없다."고 예수님은 말씀하셨다. 또한 "한 알의 밀이 땅에 떨어져 썩어지는 것처럼 땅에 떨어져 죽는 사람은 그들이 살아 있을 때보다 백배의 열매를 맺게 될 것"이라고 말씀하셨다.

데이비드 바렛 박사의 통계에 따르면 20세기 동안 복음을 위하여 죽임을 당한 순교자의 숫자는 금세기 전까지 있었던 모든 순교자들의 수를 합한 것보다 많다고 한다. 세계선교 전문연구가인 바렛은 기독교 신앙 때문에 순교를 당하는 사람들의 숫자는 전 세계적으로 매년 평균 33만 명이나 된다고 밝히고 있다. 바렛의 조사에 따르면 이러한 상황의 95%는 세상의 언론에 보도되고 있지 않지만 200명 중 한 명꼴로 전도자, 목사, 선교사가 선교지에서 살해당하고 있으며, 시간이 지날수록 점점 더 많은 순교자가 나올 것을 말했다.

복음이 모든 나라에 전해질 때 세상의 마지막이 올 것이다. 그렇지만 그것과 동시에 우리는 정치적인 적대 국가들, 전쟁과 질병으로 피폐된 나라들과 회교국가, 예수 그리스도의 주 되심을 악의적으로 반대하는 국가들에 복음을 전하는 동안 더 많은 위험과 순교자의 희생이 따르는 것을 보게 될 것이다.

레오나 피터슨과 에비 머글턴은 주님을 따르는 것이 곧 생명을 내어놓는 것이라 할지라도 기꺼이 주님을 순종하고자 했던 젊은이였다. 레오나는 뉴질랜드 태생으로 학교 선생님이었고, 에비는 영국에서 조산원으로 일했는데 그들은 스위스 YWAM 전도여행 센터에서 서로를 알게 되었다. 거기서 그들은 알바니아에 대해서 관심을 갖고 기도하던 내 아내 달린과 다른 네 명의 사람들과 한 팀이 되었다.

잘 알려진 대로 알바니아는 복음을 갖고 들어가기 가장 힘든 나라 중 하나다. 이 나라는 세계에서 유일하게 모든 국민을 포함한 국가 전체가 무신론을 표방하는 국가다. 알바니아 정부는 모든 종교를 타파했다고 주장했다. 정부 당국은 모든 교회와 회교 사원을 폐쇄시켰으며 하나님을 믿는 신앙을 포기하지 않는 사람들은 모두 죽였다. 1969년, 그들은 그리스도인들을 산채로 넣은 통을 아드리아 해에 던져 죽이기도 했다.

수개월에 걸쳐 이 나라를 위해 기도하던 에비와 레오나는 하나님이 그들로 하여금 그 땅에 들어가도록 인도하고 계신다고 믿었다. 그들은 서유럽에서 온 공산주의 청년들로 구성된 관광여행 팀에 합류했다. 그들은 옷 안쪽에 알바니아어로 된 요한복음 책자를 테이프로 붙인 후 몰래 알바니아로 들어갔다. 그들은 기도하면서 사람들에게 전도 책자들을 비밀리에 나눠주거나, 사람들이 발견할 수 있는 곳에 놓아두었다.

그러다 그들은 체포되어 따로따로 심문자들에게 불려갔다. 이들은 포로들을 심문하는 데 매우 숙련된 사람들로 감금이나 총살 등으로 두 사람을 위협하였지만, 그때에도 오히려 두 사람은 하나님께로부터 오는 깊은 사랑과 평안을 느꼈다. 두 사람은 자신들을 사로잡은 자들 앞에서 움츠러들기는커녕 오히려 담대하게 하나님을 증거했다.

정부 당국자들은 그 자매들에게 다음 날 아침 9시에 알바니아 법을 어긴 죄로 처형될 것이라며 방으로 돌려보냈다. 레오나는 후에 말하기를, 이 땅에서 마지막 밤을 보내면서도 자신의 마음이 기쁨과 평안으로 가득 차있는 것을 보면서 하나님의 은혜가 곧 순교하게 될 사람들의 마음을 어떻게 준비시키는지 깨닫고 감격했다고 고백했다.

다음 날 아침, 그들은 알 수 없는 이유로 돌아가는 비행기 표와 돈, 여권을 빼앗긴 채 국경 내던져지듯 풀려났다. 그 이후 잇따라 일어난 놀라운 사건들을 경험하며 그들은 무사히 스위스로 돌아왔다. 이에 관한 자세한 이야기는 레오나가 쓴 『내일 당신은 죽는다』(Tomorrow You Die)라는 책에 나와 있다.

레오나와 에비는 그들의 가장 귀중한 권리를 예수님께 드릴 준비가 되어 있었다. 그래서 그들은 상상할 수 없을 만큼 복음의 어둠 가운데 있던 그 나라에 예수 그리스도의 빛을 밝히는 특권과 그들의 권리를 바꾼 것이다. 그들의 이야기는 해피엔딩으로 끝난다.

이에 반해 끝내 목숨을 잃은 두 사람이 있었는데 마이크와 제니스 부부다. 마이크는 뉴질랜드인이었고 제니스는 미국 미네소타 주 출신이었다. 그들은 필리핀에서 함께 사역하다 결혼했다. 마이크와 제니스는 두 살배기 딸, 3개월 된 아들과 함께 필리핀의 산악지역에 살고 있었다. 그들은 아직까지 복음이 전파되지 않은 인근의 부족에게 복음을 전하기 위해 자신들의 모든 것을 주님께 바치며 그들의 젊음을 불태우고 있었다.

이느 날 밤, 마이크와 제니스는 그들의 집에서 살해되었다. 그 다음 날 아침, 동료 선교사들이 피투성이가 된 그들의 시체를 발견했다. 3개월 된 아들은 2층에 있는 요람에서 잠자고 있었고, 두 살배기 딸은 차갑게 식은 엄마의 몸 위에서 잠자고 있었다. 딸아이는 다른 곳에 있다가 아침에 엄마를 찾았던 것으로 보인다. 사건 내막은 아직 밝혀지지 않았지만, 그들이 복음을 전하려고 했던 부족민들 중의 한 사람에게 살해당했을 가능성이 높다.

우리의 동역자 마이크와 제니스의 사망 소식을 들었을 때 나는 뉴질랜드에 있었다. 나는 마음이 찢어지는 것 같았다. 엄마를 찾아 아장아장 걸어가 죽어 있는 엄마의 몸에 기어 올라가 잠들었을 아이의 모습이 머릿속에서 떠나지 않았다. 나는 주님을 향해 울부짖었다. 나는 9년 전, 앞으로는 하나님의 특별한 보호하심이 떠나갈 것이라고 하신 말씀을 생각하며 "이제 당신의 모든 보호하심은 떠나가 버렸습니까, 하나님?" 하며 울부짖었다.

며칠 뒤 이에 대한 극적인 응답이 주어졌다. 태국 내 캄보디아 국경길을 따라 의료 사역자 9명이 소형 승합 버스를 타고 사역지로 가고 있었다. 그런데 갑자기 검은 옷을 입은 게릴라들이 도로 위로 뛰어나와서 자동소총으로 그들이 타고 있던 승합차에 벌집을 냈다. 그들은 이 팀을 국경지역에서 자신들을 대항해 싸우는 사람들로 잘못 생각한 것이었다.

모든 유리창이 깨지고 총알이 차체를 벌집으로 만드는 동안 그

차에 있던 사역자들은 재빨리 바닥에 엎드렸다. 총알들이 말 그대로 빗발치듯 그들의 머리 위로 소리 내며 지나갔다. 그런데 총격이 끝나고 그들이 부서진 차 밖으로 기어 나왔을 때, 상처를 입은 사람은 단 한 사람뿐이었다. 그것도 총알이 머리 옆을 스치는 가벼운 상처였다. 그들은 놀라움으로 차를 바라보았다. 모든 의자는 총탄에 산산조각 났고 차의 엔진도 부서졌다. 그런데 그들 모두는 멀쩡한 것이었다. 이 이야기를 들었을 때 마치 하나님이 "로렌, 아직도 YWAM의 사역자들이 나의 보호 아래 있음을 알겠지?"라고 말씀하시는 것 같았다.

히브리서 11장은 위대한 믿음의 장이다. 이 장은 영생에 대한 믿음을 가진 사람들, 홍해를 가르는 믿음, 자신의 재산을 기꺼이 버리는 믿음, 여리고 성을 무너뜨리는 믿음과 사자의 입을 막았던 믿음을 가진 이들에 대해서 말하고 있다. 또 다른 믿음의 영웅들은 죽임을 당하고, 돌에 맞으며, 톱으로 몸이 잘리고, 칼로 몸이 찔리고, 사막으로 추방당하고, 고통받고, 빈궁에 처했었던 것에 대해서 말해 주고 있다. 그들의 믿음에 차이가 있었던 것이 아니다. 어떤 이들은 믿음으로 구출되었고, 어떤 이들은 믿음으로 죽임을 당했던 것이다.

이 믿음의 근본이 되신 예수님은 그분 앞에 있는 더 큰 기쁨을 위해 십자가와 죽음을 견뎌 내셨다. 그분은 그 앞에 있는 상을 바라보신 것이다. 최초의 순교자 스데반은 죽음 앞에서 고통으로 울부짖지 않았다. 오히려 하늘이 열리며 하나님 아버지 우편에 서 계신 예수님을 바라보며 기쁨과 감격으로 순교했다. 하나님의 말씀에서는 예수님이 늘 하나님 우편에 앉아 계신다고 말한다. 그러나 그때만은 예수님이 스데반을 맞이하기 위해 직접 일어나셨던 것이다.

만약 하나님의 말씀을 전파하기 위해 목숨을 내어놓으라고 하시는 그분의 말씀에 순종한다면, 우리는 그분이 우리에게 주신 선물 중에서 가장 큰 것을 포기한 사람들을 위해 예비해 두신 놀라운 복을 받게 될 것이다.

07 감정을 내려놓을 때

감정을
내려놓을 때

그는 열아홉 살이었지만 열여섯 살 이전의 자신에 대해서는 아무것도 기억할 수가 없었다. 나는 뉴질랜드의 한 수련회에서 말씀을 전하였는데, 그가 상담을 받기 위해 나를 찾아왔다. 콘크리트 건물 앞에 있는 나무 의자에 앉아 함께 이야기하고 기도했을 때 하나님은 철조망으로 된 울타리 곁에 서 있는 말 한 마리를 내게 보여 주셨고, 나는 본 그대로 소년에게 말해 주었다.

이 장면이 그동안 그에게서 잊혀졌던 기억을 떠오르게 했다. "그래요, 기억나요!" 그는 잊고 있었던 고통스런 사건에 대해서 말하기 시작했다.

그 소년은 열두 살 때 농장에 있는 녹슨 철조망에 걸려서 상처가 났다. 상처에 염증이 나고 심해져서 병원에 입원했는데 그는 가망이 없을 정도로 위태로웠다. 캠프장 한쪽 구석의 딱딱한 의자 위에서 함께 이야기를 나누는 동안, 그는 밀려오는 아픔으로 흐느꼈다.

엄마가 병실 문 앞에 서 있는 의붓아버지에게 말했다. "이제 생명이 얼마 남지 않았으니 마지막 인사나 합시다." 의붓아버지는 입술을 비쭉거리며 내뱉었다. "이제 난 저 더러운 XXX를 더 이상 보고 싶지 않아!" 그 소년은 이야기를 멈추고 고개를 떨구었다. "의붓아버지가 또 저에게 그런 욕을 했어요. 부모님은 항상 저를 XXX라고 부르곤 했지요." 그는 엄마가 불륜관계를 통해 낳은 사생아였다.

이야기를 하는 동안 그의 고통스런 기억들이 쏟아져 나왔다. 친어머니는 그가 열네 살이 되기도 전에 그를 성적으로 유혹하려 했다. 형들의 여자 친구들이 성적으로 그를 유혹한 일은 가족들의 농담거리가 되었다. 나는 그의 이야기를 들으면서 하나님의 은혜를 발견했다. 하나님이 우리에게 아주 깊은 상처들은 그 상처가 치유될 수 있을 때까지 기억 속에서 지워버리는 망각의 기능을 주셨음을 깨달았다. 젊은이는 나와 함께 이와 같은 이야기를 나누는 것이 아픔이 되었지만 점차 이야기를 나누면서 부모와 형들을 용서하기로 결정했다.

우리가 함께 이야기한 후에 그는 부모님에게 편지를 써서 그들을 사랑한다는 것과, 하나님을 만나고 나서 자신에게 생긴 변화에 대해 알렸다. 강간 혐의로 감옥에 있는 그의 형에게도 편지를 썼다. 나중에 그의 형제들이 그가 만난 하나님에 대해 더 알고 싶다고 답장을 했다는 소식을 들었다. 그의 가족들 모두가 하나님의 사랑에 굶주려 있었던 것이다.

하나님은 전 세계에 용서의 연쇄반응을 일으키기 원하신다. 용서는 하나님의 치료약이다. 용서가 없이는 다른 사람들뿐만 아니라 우리 자신도 치유받을 수가 없다. 용서만이 전 세계가 사랑하게 되는 사랑의 연쇄반응이 생겨날 수 있으며, 우리가 보기 원하는 진정한 부흥을 가능케 하는 것이다.

예수님은 제자들에게 어떻게 기도할지를 가르치실 때, "다른 사람이 우리에게 죄진 것을 용서한 것같이 우리의 죄를 용서하여 주옵소서."라고 말씀하셨다. 우리가 다른 사람들을 용서한 것과 같이 하나님은 우리를 용서하시는 것이다. 마태복음 6장 14-15절에서 예수님은 계속해서 "너희가 사람의 잘못을 용서하면 너희 하늘 아버지께서도 너희 잘못을 용서하시려니와 너희가 사람의 잘못을 용서하지 아니하면 너희 아버지께서도 너희 잘못을 용서하지 아니하시리라."고 하셨다.

만약 당신이 용서하지 않으면 당신은 하나님의 용서의 통로를 가로막고 있는 것이다. 이 세상을 유지, 지탱하고 있는 것이 바로 그분의 용서다. 오늘날 세상에는 죄와 이기심이 만연하고 있다. 용서가 없는 한 세상은 갈기갈기 찢어질 것이다.

코리 텐 붐 여사가 제2차 세계대전 동안 집단수용소에 갇혀 있다가 나왔을 때, 그녀는 하나님께 독일을 제외한 어느 곳이든지 가서 그분을 위해 일하겠다고 했다. 그런데 주님은 그녀에게 독일로 가라고 말씀하셨다. 그녀 자신의 치유뿐 아니라 독일인들의 치유를 위해서였다.

코리 여사가 어느 날 독일의 한 강당에서 말씀을 전했을 때 한 남자가 강단을 향해 나왔다. 그는 그녀가 갇혀 있었던 수용소의 교도관이었다. 그는 코리 여사에게 용서를 구했다. 그녀는 그 자리에서 그냥 서서 속으로 기도했다. '하나님, 저는 용서 못해요! 이 사람과 그의 동료들이 제 여동생을 죽게 했습니다!' 그때 주님의 음성이 들려왔다. "나를 위해 저 사람을 용서해 주어라!" 결국 코리는 손을 내밀었다. 코리는 두 사람이 서로의 손을 맞잡는 순간 하나님의 용서가 그녀를 통해 흘러가는 것을 느낄 수 있었다고 말했다. 용서의 감정은 용서의 행동 뒤에 따라왔다.

용서는 선택이다. 아니, 이것은 그리스도인들에게 있어 명령이다. 하나님은 "네가 다른 사람들을 용서하지 않는 한 나는 너를 용서할 수 없다."고 하셨다. 용서는 당신의 정신적, 영적, 육체적 건강을 위해서도 필요한 것이다. 당신은 반드시 용서해야 한다.

예수님이 이 땅에 오신 것은 세상을 정죄하기 위함이 아니라 세상으로 하여금 그를 통하여 구원받게 하기 위해서다. 로마서 5장 8절은 우리가 아직 죄인 되었을 때 우리를 위해 죽으심으로 그의 용서를 베푸셨다고 말씀하고 있다. 십자가 위에서 예수님은 "아버지 저들을 사하여 주옵소서 자기들이 하는 것을 알지 못함이니이다.'라고 하셨다. 그는 온 세상에 그의 용서를 베풀어 주신 것이다. 하나님이 사람들을 회개 가운데로 인도하시기 위해서 우리에게 요구하시는 것이 바로 이와 같은 '사랑'과 '용서'인 것이다. 세계복음화는 바로 우리의 '용서'에 달려 있다.

제2차 세계대전이 일어나기 직전, 파리에 앙리코라는 이태리계 프랑스인이 살고 있었다. 그는 건설업자였다. 예수 그리스도를 자신의 구세주로 영접하고 얼마 지나지 않은 어느 날 밤에 그는 목재들을 쌓아놓은 뜰을 거닐고 있었다.

바로 그때, 두 사람의 그림자가 트럭에서 뛰어내려 목재가 있는 곳으로 오는 것을 보았다. 그는 잠시 멈춰서서 기도했다. "주님, 제가 어떻게 할까요?" 그때 한 생각이 떠올랐다. 그는 벌써 적지 않은 목재를 트럭에 싣고 있는 두 사람에게로 다가가 조용하게 그 일을 도와주기 시작했다.

몇 분 후에 그가 물었다. "이 목재들을 어디에 사용하려고 합니까?" 두 사람이 그 용도를 말하자 그는 이들에게 다른 목재 더미를 가리키며 말했다. "그렇다면 저쪽에 있는 나무들이 더 좋겠군요."

트럭이 가득 찼을 때 한 사람이 앙리코에게 말했다. "제법 쓸모있는 도둑이군!" "나는 도둑이 아니오." 앙리코가 대답했다. "뭐, 도둑이 아니라고? 오늘 밤 내내 우리 일을 도왔잖아. 우리가 무엇을 하고 있었는지 알면서도 말이야."

"그렇소, 나는 당신들이 무엇을 하고 있었는지 알고 있었소. 그렇지만 난 도둑이 아니오. 왜냐하면 이곳은 내 땅이고 이 목재들은 전부 내 것이기 때문이오."

그러자 두 사람은 소스라치게 놀랐다. 앙리코가 말을 이었다. "두려워 마시오. 나는 당신들이 무엇을 하고 있었는지 보았지만 경찰을 부르지 않기로 결심했소. 내가 보기에 당신들은 어떻게 사는 것이 올바른 것인지 모르는 것 같소. 당신들에게 그것을 가르쳐 주고 싶소. 이 목재를 가져가도 좋으니 우선 내 말을 잘 들어 보시오."

그에게 꼼짝없이 자신의 말을 들을 수밖에 없는 청중이 생긴 것이다. 그 두 사람은 그가 이야기하는 것을 귀담아들었고 사흘이 채 지나지 않아 그리스도를 영접하였다. 그중 한 사람은 후에 목사가 되었고 다른 한 사람은 장로가 되었다.

"한 영혼이 온 천하보다 귀하다."는 예수님의 말씀을 비춰볼 때, 한 트럭의 목재는 두 사람의 영혼을 구하는 것에 비해 너무나 하찮은 것이다. 그러나 그 두 사람을 그리스도께로 인도한 것은 한 트럭 분의 공짜 목재가 아니라 그 건축업자의 용서였다. 그들은 앙리코가 자신들을 경찰에 신고할 수 있었음에도 불구하고 오히려 자신들이 뉘우치기 전에 용서했다는 사실을 알았던 것이다. 그것이 바로 예수님이 십지기 위에서 우리에게 베푸셨던 것과 같은, 우리가 회개하고 주님께로 돌아서기 전에 베풀어 주신 용서인 것이다.

용서의 다음 단계에서 앙리코가 지불해야 했던 대가는 목재 한 트럭보다 훨씬 값비싼 것이었다.

나치 독일이 프랑스를 점령했을 당시에 있었던 일이다. 어느 날 밤, 한 유대인 가족이 앙리코의 집에 들어왔다. 그는 그들을 게슈타포(나치 비밀경찰)의 눈에 띄지 않게 2년 동안이나 숨겨 주었다. 그러다 어떤 사람이 그의 비밀을 알아채곤 그를 밀고했다. 게슈타포는 그 유대인 가족을 잡아갔고 앙리코도 체포했다.

1944년의 크리스마스, 체포된 지 수개월이 지났지만 앙리코는 여전히 수용소에 갇혀 있었다. 어느 날 수용소 사령관이 먹음직스런 크리스마스 만찬을 앞에 놓고 그를 불렀다. "이 만찬을 먹기 전에 네 아내가 너를 위해 보내 준 이 음식들을 보여주기 위해 널 불렀지. 네 아내의 음식 솜씨는 정말 훌륭해. 네가 감옥에 들어와 있는 동안 네 아내가 매일매일 음식을 보내왔고 내가 그 동안 맛있게 먹어 주었지."

앙리코의 몸은 쇠약해지고 살갗은 뼈에 착 달라붙었고 두 눈은 굶주림에 푹 꺼져 있었다. 하지만 그는 건너편에 만찬이 차려져 있는 식탁을 바라보며 말했다. "제 아내가 얼마나 훌륭한 요리사인지 잘 알죠. 이 크리스마스 성찬을 당신이 아주 맛있게 드시길 바랍니다."

그 사령관은 그에게 방금 말한 것을 반복해 보라고 재촉했다. 앙리코는 재차 말했다. "당신을 사랑합니다. 그러므로 당신이 그 성찬을 맛있게 드시길 바랍니다."

그러자 사령관은 "이 자를 데리고 나가! 이 자가 이젠 미치려 한다!"고 소리쳤다.

전쟁이 끝나고 앙리코는 풀려났다. 그가 건강을 회복하는 데는 2년이 걸렸지만 마침내 완전히 회복되었다. 그리고 하나님은 그의 사업에 다시 복을 주시기 시작했다.

어느 날 그는 자신이 갇혀 있었던 수용소에 아내와 함께 가서 생명을 연장해 주신 하나님께 감사드리기로 했다.

그들이 그곳에 도착했을 때, 전에 그 수용소 사령관이었던 사람이 이 마을에 살고 있다는 소리를 듣게 되었다. 다시 하나님은 앙리코에게 창조적인 용서의 아이디어를 주셨다. 그는 그 사령관이 자기 아내의 음식 솜씨를 좋아했던 것을 기억하고는 시장을 본 후, 간단하게 음식을 준비할 수 있는 곳을 찾아 음식을 장만하여 두 바구니의 음식을 가지고 그 사령관의 집을 찾아갔다.

집 안에 들어선 앙리코가 물었다. "저를 알아보시겠습니까?" 그 사령관은 고개를 흔들었다. 앙리코는 몸무게도 다시 늘어서 전과는 아주 달라 보였다.

앙리코는 사령관의 기억을 상기시키려고 말했다. "저는 지난 1944년 크리스마스 때 당신의 사무실에 있었습니다. 그때 제가 당신을 사랑한다고 말했더니 당신은 저에게 미쳤다고 하셨죠?" 그러자 사령관은 얼굴이 창백해지며 뒤로 물러났다. "두려워 마십시오. 저는 당신을 해치려고 온 것이 아닙니다. 제가 그날 말했듯이 저는 아직도 당신을 사랑하고 있습니다." 사령관은 그를 뚫어지게 바라보며 아무 말 없이 서 있었다.

"저는 그때 미친 것이 아니었습니다. 그것이 진심이었다는 것을 지금 당신에게 보여드리죠. 전쟁은 끝났고 지금은 평화의 시대입니다. 저와 제 아내는 그저 당신 부부와 식사나 함께할까 하고 찾아왔습니다. 이 특권을 저에게 허락해 주시겠습니까?"

그들이 앙리코의 아내가 준비한 풍성한 음식들을 먹기 시작했을 때, 그 사령관은 갑자기 포크와 나이프를 집어던지며 소리쳤다. "당신 도대체 내게 원하는 것이 무엇이오?"

"아무것도 없습니다. 저희는 그저 당신을 사랑하고 있다는 것을 보여주고 싶을 뿐입니다. 저희는 당신을 용서합니다."

"어떻게 그렇게 할 수 있단 말이오?"

"우리 자신의 힘으로는 그렇게 할 수 없죠." 앙리코는 계속해서 말했다. "그렇지만 예수 그리스도께서 우리가 어떻게 용서해야 할지를 가르쳐 주셨습니다." 앙리코는 몇 가지를 더 들려주었고, 식사를 계속하기 전에 마침내 사령관은 무릎을 꿇고 예수님을 그의 삶의 구세주로 영접하였다.

요한복음 20장 18절에 하나님은 과거에 창녀였던 막달라 마리아를 사용하셔서 예수님이 무덤에서 부활하신 사실을 제자들에게 전하게 하셨다고 기록되어 있다. 만약 제자들이 마리아의 죄를 계속 붙잡고 대적하였다면 그들은 역사상 가장 놀라운 복음의 메시지, 즉 예수 그리스도의 부활의 소식을 놓쳤을지도 모른다.

요한복음 20장 23절은 "너희가 누구의 죄든지 사하면 사하여질 것이요 누구의 죄든지 그대로 두면 그대로 있으리라 하시니라."라고 말씀한다. 당신이 만일 누구의 죄든지 그대로 두고 용서하기를 거절한다면 당신은 당신의 삶 안에서 예수 그리스도의 부활의 능력을 결코 경험할 수 없을 것이다.

언젠가 나는 아주 이상한 이야기를 들었다. 몬타나에 있는 한 목사님이 한밤중에 완전히 잠이 깨었다. 시계를 보니 새벽 2시 22분이었다. 그런데 그때 주님께서 이렇게 말씀하시는 것처럼 느껴졌다. '너는 네 안에 쓴 뿌리를 숨기고 있다. 너는 용서하지 않고 있다.'

그는 그가 용서하지 않고 있는 그 어떤 사람도 생각나지 않아서 하나님께 물었다. 주님은 "너는 히틀러를 용서하지 않고 있다."라고 말씀하셨다.

"그렇지만 주님, 히틀러는 죽었습니다." 그 목사님이 대답했다. 주님께서 다시 말씀하셨다. "그래, 나도 알고 있다. 그렇지만 네 마음속에서는 죽지 않았다."

그 말은 그가 그동안 얼마나 수없이 히틀러를 흉내 내며 조롱거리로 만들었는지를 생각나게 했다. 또한 그것이 그에게 있어서 하나의 굴레였으며, 성령과 다른 사람들에 대해서 민감하지 못하도록 만드는 원인이었음을 깨닫게 했다. 주님은 그가 한 번도 만나 보지 않은 사람에게 굳은 마음을 갖고 있다는 것을 보여주신 것이다.

"그래요, 주님. 제가 히틀러를 용서하기로 선택합니다." 그는 주님께 말씀드렸다. 그러자 주님은 생존해 있는, 그가 용서할 필요가 있는 다른 공인들을 보여주셨다.

이 목사님의 이야기를 들으면서 내 마음은 점점 더 답답해지기 시작했다. 한 사람의 이름이 내 머릿속에 또렷하게 떠올랐다. 마오쩌둥이었다. 그의 잔인함 때문에 그는 결코 내가 좋아하는 사람이 될 수 없었다. 나는 그에 대해 혼자 기도하는 시간을 가져야 한다는 것을 알았다.

마오쩌둥은 그 당시 생존해 있었다. 무릎을 꿇었을 때, 내 머릿속에는 중국에서 그에 의해 학살당한 수백만의 그리스도인들이 떠올랐다. 그렇지만 나는 그를 용서해야 했다. 나는 소리내서 하나님께 "마오쩌둥을 용서합니다."라고 말하고는 그의 회심을 위해 기도했다.

나는 전에도 마오쩌둥을 위해 기도했었지만 그를 위한 내 기도에는 언제나 확신이 없었다. 내가 그를 진심으로 용서하는 순간 비로소 나는 그를 아직 하나님 없이 살아가는 내 가족의 한 사람처럼 여기며 눈물로 진심어린 기도를 할 수 있게 되었다.

야고보서 5장 16절 후반에 보면 "의인의 간구는 역사하는 힘이 큼이니라."고 말씀하고 있다. 당신 안에 하나님 아버지의 마음이 없다면 당신은 기도를 통해 하나님의 능력이 역사하실 수 있도록 풀어놓을 수 없는 것이다.

어떤 상황이나 사람에 대해 하나님의 마음과 태도를 품을 수 있도록 성령으로 충만해질 때 효과적인 기도를 할 수 있다. 우리가 용서의 영을 가지고 기도할 때에야 비로소 예수님이 우리의 기도에 응답하시는 것을 보게 될 것이다.

내가 중국 공산당 서기장이었던 마오쩌둥에 대해서는 이 원칙을 적용하지 않았다는 것을 깨달았을 때, 나는 그가 비록 수많은 사람들을 학살한 사람이지만 그를 용서하기로 선택했다. 그제야 나는 내가 한 번도 만나 본 적이 없는 사람을 향해서 믿음으로 기도할 수 있음을 알게 되었다.

얼마 후에 나는 1976년 9월 20일자 《타임》지를 우연히 읽었다. 헨리 키신저가 마오쩌둥을 마지막으로 만났던 일을 이야기하고 있는 내용이었다. 그때 마오쩌둥은 하나님에 대해서, 또 자신이 하나님을 만날 수 있을까 하는 사실에 대해서 이야기했다고 한다.

마오쩌둥은 죽기 전 마지막 몇 달 동안 대중 앞에 모습을 나타내지 않았었고, 키신저를 만난 이후에는 그 어떤 외국인도 만나지 않았다. 나는 그가 하나님을 만났는지, 또한 그가 찾고 있던 용서를 발견했는지 궁금하다.

내가 분명하게 아는 사실은 또 다른 핍박자였던 다소의 사울을 위해 1세기에 살았던 그리스도인들이 기도했던 것처럼 마오쩌둥을 위해 기도했던 많은 그리스도인들이 있었다는 점이다.

용서는 심리적으로 다른 사람을 위해 당신의 생명을 내려놓는 것을 의미한다. 이것은 곧 감정적인 권리를 포기하는 것을 말한다. 용서는 다른 사람이 당신을 대적했던 것을 기억하지 않는 것이다. 용서에는 많은 장애물들이 있다.

첫째는 용서하지 않는 것이다. 그러나 우리는 예수님이 말씀하셨기 때문에 우리의 원수들을 사랑할 수 있다. 그리고 사랑이라는 말은 언제나 용서를 포함하고 있다. 하나님은 우리가 할 수 있는 것만을 명령하신다. 당신이 용서하기로 했다면 그분이 당신을 도와주실 것이다. 코리 텐 붐 여사가 그 교도관에게 용서의 손을 내밀었을 때, 기쁨으로 그분의 용서에 동참하도록 도우신 것처럼.

둘째는 당신 스스로 자신을 용서하지 못하는 것이다. 당신이 다른 사람들을 용서하려면 당신 스스로도 자신을 용서할 수 있어야 한다.

네덜란드에서 한 형제가 그의 형에 대해 하는 이야기를 들은 적이 있다. 그는 그의 형이 성적으로 부도덕한 죄를 지은 사람들에 대해서 혹독하게 정죄하는 것에 대해서 염려하고 있었다. 그의 형은 "회개하라!"는 표지판을 걸치고 사람들이 많이 다니는 곳을 왔다 갔다 했다.

그런데 형은 형수가 그와 같은 죄를 지어서 사생아를 가졌다는 것을 알면서도 그녀와 결혼했다. 그러나 그 후에 형은 형수를 증오하며 내쫓았다. 후에 자신의 딸이 성적 부도덕을 저질렀다는 것을 알았을 땐 딸도 버렸다.

형을 어떻게 도와야 할지 내게 물었을 때 하나님은 스쳐가는 광경을 보여주셨다. "당신의 형에게 가서 과거에 그가 지었던 부도덕한 죄에 대해서 하나님의 용서를 받아들이라고 말하십시오. 그러면 그는 다른 사람들을 용서할 수 있을 것입니다."

나는 내가 말한 그의 부도덕한 과거가 실제로 있었는지 전혀 알 길이 없었지만 그 사람이 그 죄를 숨기고 있다는 사실만큼은 확신할 수 있었다. 그 후의 결과를 들을 수 없었지만, 나는 그 사람이 하나님의 용서를 깨달았기를 바란다. 만일 우리가 다른 사람을 정죄하면, 그것은 많은 경우에 우리의 마음을 드러내는 것이기도 하다. 로마서 2장 1절은 "그러므로 남을 판단하는 사람아, 누구를 막론하고 네가 평계하지 못할 것은 남을 판단하는 것으로 네가 너를 정죄함이니 판단하는 네가 같은 일을 행함이니라."라고 말씀하고 있다.

셋째는 질투이다. 탕자가 집에 돌아왔다는 소식은 그를 질투하고 있던 형에게는 그다지 기쁜 일이 아니었다.

넷째는 교만이다. 교만은 때때로 자기 자신을 높이 치켜세울 때보다 자기 자신을 비하시킬 때 드러날 수 있다. 당신은 아마도 "이건 겸손이야. 내 자신을 그다지 중요하게 생각지 않을 뿐이야."라고 할지 모르겠다. 천만에! 그것은 교만이다. 겸손한 사람일수록 자기 자신에 대해 진정한 자기 가치self-worth를 갖는다.

교만은 당신이 실제로 어떤 사람인가에 대해서 속이는 것이다. 이것은 당신의 자존감self-esteem을 파괴시키고 당신을 불안하게 하며 상처받기 쉬운 사람이 되게 하여 자기 자신이 어떤 사람인지 드러나는 것을 두려워하게 한다. 그 반대로 진리는 안정감의 기반이 된다. "저는 별 볼 일 없는 사람입니다."라고 말하는 것은 진리가 아니다. 왜냐하면 당신은 하나님의 형상대로 지음 받았기 때문이다. 당신 자신의 가치에 대한 하나님의 관점을 갖게 될 때야 비로소 안정감을 갖게 될 뿐 아니라 다른 사람들과도 정직한 관계를 갖게 된다. 또 그제야 당신은 용서할 수 있게 된다.

다섯째는 하나님의 성품, 특히 그분의 긍휼에 대한 이해가 부족한 것이다. 어떤 사람들은 육신의 아버지로부터 하나님이 가지신 것과 같은 긍휼을 경험해 보지 못했기 때문에 하나님의 긍휼을 믿는 데 어려움을 느낀다. 하나님이 성경 말씀을 통해 그분의 긍휼에 대한 계시와 깨달음을 주시도록 기도하라. 하나님은 자비로우신 분이다. 그는 언제나 그러하셨으며 앞으로도 동일하실 것이다. 이에 대해 깨닫기 원한다면 시편 136편의 각 절에 당신의 이름을 넣어 크게 소리 내어 읽어보라. "(당신의 이름)_____을 향한 하나님의 인자하심이 영원함이로다."

여섯째, 원한은 당신이 용서하는 것을 방해한다. 당신은 당신이 받은 대로 되갚으려고 할 때 결국 자신이 상대방의 죄를 그대로 반복하고 있다는 것을 발견하게 될 것이다. 나는 우리 사역자 중 한 사람이 그의 밑에서 섬기고 있는 사람들을 거칠게 대하고 때로는 사람들 앞에서 그들의 잘못을 지적하여 고친다는 것을 알게 되었다. 나는 이 사람의 문제를 다루어서 더 이상 다른 사람들이 상처를 받지 않도록 해야겠다고 마음먹었다.

하루는 내가 그와 함께 소그룹 모임에 참석했었는데, 그는 늘 하던 방식대로 다른 사람에게 일격을 가했다. 나는 즉각 다른 사람들 앞에서 그의 잘못을 지적하고 바로잡아 주었다. 나는 곧 내가 그를 고쳐 주어야겠다고 했던 그의 행동을 내가 그대로 하고 있다는 사실을 발견했다. 그와의 관계를 회복하기 위해 나는 내가 했던 잘못된 행동을 '모인 사람들 앞에서' 고백하고 그의 용서를 구했다.

일곱째는 두려움이다. 특히 앞으로 다시 상처를 받을 것에 대한 두려움 말이다. 한 유럽인 자매가 내게 말했다. "나는 용서할 수 없어요. 나는 그들에게 너무나 깊은 상처를 받았어요. 내가 만일 그들을 용서한다면, 나는 또다시 상처받을 거예요." 용서는 당신이 장래에 받을 상처로부터 당신을 보호해 줄 수 있는 가장 중요한 열쇠가 된다. 당신이 진정으로 용서했을 때, 그것은 마치 부러진 뼈를 고정시키기 위해 깁스를 한 것과 같다. 만약 그렇게 해서 똑바로 고정시키지 않으면 부러진 팔이나 다리는 영원히 기형으로 있을 것이다.

우리의 영혼이 우리가 붙들고 있는 상처나 쓴 뿌리로 인해 뒤틀리거나 굳어진 채 방치되어서는 안 된다. 용서를 통해 올곧아져야 한다. 용서의 행위는 정서적인 치유를 가져와 장래에 받게 될 상처들을 견딜 수 있도록 당신을 충분히 강하게 해줄 것이다.

이렇게 말하면 당신은 아마 내게 따질지도 모른다. "당신은 내가 그동안 얼마나 아픔을 겪었는지 이해하지 못할 거예요. 당신은 내가 받은 상처만큼 큰 상처를 받지도 않았을 테구요." 당신 말이 맞을 수도 있다.

그렇지만 여기 당신이 받은 것 이상으로 큰 상처를 받았지만 그래도 그 모든 것을 용서하신 분이 계시다. 그래서 그 이야기를 함께 나누고자 한다.

이 세상이 끝날 때 수십억의 사람들이 하나님 보좌 앞에 있는 큰 평원 위에 흩어져 있었다. 보좌 앞 가까이에 있는 몇몇 그룹들이 수치심으로 움츠러들기는커녕 오히려 호전적인 태도로 열변을 토했다. "어떻게 하나님이 우리를 심판하실 수 있지? 그분이 고통에 대해서 어떻게 아신단 말이야?" 갈색 머리 여인이 쏘아붙였다. 그녀는 나치 수용소에서 받은, 문신으로 새겨진 죄수번호를 보여주기 위해서 옷소매를 걷어 올렸다. "우리는 공포, 구타, 고문, 죽음을 견뎌야 했어."

또 다른 그룹에서 한 흑인 남자가 그의 옷깃을 내려 목에 감겼던 밧줄 때문에 생긴 추한 상처를 보여주면서 말했다. "아무런 죄도 없는데 다만 흑인이라는 이유 때문에 매를 맞았습니다. 노예선에서 숨이 막혀 질식했고, 사랑하는 이들과 헤어지는 고통을 겪었고, 죽도록 일했습니다."

평원을 지나 멀리 그와 같은 수많은 그룹의 사람들이 있었다. 각자는 다 하나님이 이 세상에 허락하신 악과 고통에 대해 불평했다. "달콤함과 빛만이 있고 애통이나 두려움, 굶주림, 증오가 없는 천국에 사는 하나님은 얼마나 좋으실까! 사람들이 이 세상에서 겪을 수밖에 없었던 고통들에 대해서 하나님은 과연 알고 계실까? 아주 보호된 삶을 살고 계시는데 말이야."라고 그들이 말했다.

각 그룹은 가장 극심한 고통을 받은 사람을 그들의 지도자로 뽑았다. 거기에는 유대인, 흑인, 인도에서 온 최하층 천민, 사생아, 히로시마에서 온 사람과 시베리아의 노예 수용소에서 온 사람이 있었다. 평원 중앙에서 그들은 서로 의논했다. 마침내 그들은 하나님께 소송을 제기할 준비를 했다.

고소장은 간단했다. 하나님이 그들의 재판장으로 합당하려면 먼저 그들이 겪었던 고통을 겪어야 한다는 것이었다. 그들의 판결은 하나님이 인간으로서 이 지구상에 살아야 한다는 선고로 종결지어졌다. 그분은 하나님이기에 스스로를 돕기 위해 자신의 신적인 능력을 쓸 수 없다는 점을 확실히 하기 위한 추가적인 제약들도 덧붙였다.

- 그를 유대인으로 태어나게 하자.
- 출생의 적법성이 의심되도록 하자. 그래야 누가 정말로 그의 아버지인지를 아무도 모를 것이다.
- 그로 하여금 아주 정의롭지만 또한 급진적인 대의명분을 주장하게 해서 사람들에게 미움과 정죄를 받게 하고, 모든 전통적으로 내려오는 종교 권위들을 무시하게 해서 그를 몰락시키자.
- 아무도 본 적도, 맛본 적도, 들은 적도 또 냄새 맡은 적도 없는 것을 설명하도록 하자. 또 하나님에 대해 사람들에게 말하도록 하자.
- 가장 절친한 친구들로부터 배반당하도록 하자. 거짓 고발로 재판을 받아서 편견에 사로잡힌 배심원 앞에서 재판받고, 또 겁 많은 판사가 선고를 내리도록 하자. 모든 살아 있는 것들로부터 완전히 버림을 받게 하자. 그래서 철저히 혼자라는 것이 무엇인지를 알게 하자. 고문당하고 일반 도둑들과 함께 가장 치욕스러운 죽음을 맞게 하자.

각 지도자가 그 선고에 해당하는 자기 부분을 낭독했을 때, 거기에 찬성하는 웅성거림이 군중들 사이에서 일어났다.

마지막 사람이 선고 낭독을 마쳤을 때 한동안 긴 침묵이 흘렀다. 아무도 말이 없었다. 아무도 움직이지 않았다. 왜냐하면 그들 모두는 하나님이 이미 그 선고를 받고 감내하시며 그의 형을 마치셨음을 알 았기 때문이다.

* 위의 글은 캘리포니아 버클리에 그리스도인 리버레이션(CHRISTIAN LIBERATION)이 쓴 RIGHTON에서 발췌한 것임.

    하나님은 우리의 연약한 감정에 마음이 움직이신다. 또한 그분은 우리가 고난 받는 것이 어떤 것인지 아신다. 그분 자신은 우리가 받았던 것처럼 모든 면에서 시험받으셨다.

    그렇기 때문에 예수님은 우리에게 '어떻게 용서하고 또 어떻게 용서 받을 수 있는지'를 보여주실 수 있다.

08 반대정신으로 회복되는 하나님 나라

반대정신으로
회복되는
하나님 나라

예수님의 산상 수훈을 읽으면서 "온유한 자는 땅을 기업으로 받을 것임이요."란 말씀을 그저 무의식적으로 읽고 넘어간 적이 있는가?

'온유함'이라는 개념은 약간은 소심하게 느껴져 귀에 거슬리는 말처럼 들릴 수가 있다. 우리는 차라리 남자는 남자답게 강하고 여자는 여자답게 아름다운, 존 웨인 스타일의 기독교 신앙을 더 좋아한다.

그런데 왜 예수님은 기록된 가장 긴 설교에서 유독 온유함에 대해 말씀하셨을까? 언젠가 이 세상이 나약한 무리들에게 넘겨질 것을 말씀하시려고 한 것일까? 온유하게 된다는 것은 무엇을 뜻하는 것일까?

첫째, 예수님은 연약한 분이 아니셨다는 사실을 깨달아야 한다. 나는 이스라엘에 있는 사막에서 용광로같이 뜨거운 바람을 쐬어 봤고, 그분이 40일 동안 금식하며 기도하시는 동안에 오르셨던 울퉁불

퉁한 거친 바위투성이의 산들도 올라가 보았다. 그와 같은 일을 해내시기 위해 그분의 육체는 운동선수와 같은 최상의 상태여야 했을 것이다. 당신도 기억하겠지만 예수님은 목수셨다. 그리고 그의 친구 대부분은 어부였다. 그들은 육체노동자들이었다.

만약 예수님이 지금의 우리 시대에 오셨다면 닳아진 철제의 단단한 작업모를 쓰고, 고층 건물을 세우는 건설 작업 현장에서 포크레인이나 불도저 같은 장비들을 가지고 일하셨을 것이다.

예수님은 그렇게 연약하지도 않으셨으며 나약한 사람들을 부르고 계신 것도 아니다. 예수님이 온유한 자가 땅을 기업으로 받겠다고 말씀하셨을 때, 우리는 성경에서 말하고 있는 온유함이 무엇인지 이해해야만 한다. 온유함이란 결코 나약함이 아니다!

온유함이란 끊임없이 자신의 권리를 하나님께 순복해 드리는 하나님의 사람들이 갖고 있는 강한 성품의 한 특성이다. 예수님은 온유함의 완전한 모범이셨다. 이는 주님도 말씀하셨듯이 아버지 하나님이 자신에게 하라고 분부하신 일 이외의 그 어떤 일도 하지 않으셨다는 것을 통해 알 수 있다. 예수님은 채찍을 들어 성전에서 장사하던 환전상들을 쫓아내실 때도 온유하셨고, 빌라도 앞에 서서 자신을 구원하기 위한 단 한마디의 말씀도 하지 않으셨을 때도 역시 온유하셨다.

온유한 자가 땅을 기업으로 받을 것이라고 하신 말씀은, 이 세상에서 사탄과 마귀의 세력과 대항하여 전쟁할 때 승리를 가져오는 주요 전략에 대한 이야기이다. 하나님은 사탄을 완전히 패배시킬 것이다! 어둠의 세력들에 대해 '반대정신'Opposite Spirit으로 맞서 행동하는 사람들과 함께 그 일을 이루실 것이다! 사탄이 무엇을 하고 있는가를 분별해서 성령의 능력으로 그 반대의 일을 할 때, 우리는 승리할 것이다.

수년 전 봄이었다. 그때 나는 서른여덟 명이 모이는 북미 그리스도인 지도자들의 모임에 초청을 받아 중서부의 한 도시로 갔다. 우리는 그리스도의 몸의 일치에 위협을 가하는 한 문제를 의논하고 매듭짓기 위해 모였다. 그 모임은 극도의 비공개적인 모임이며, 며칠 동안 분쟁의 당사자들이 모여 함께 기도와 토론을 했던 모임이었다.

나는 그 특정한 논쟁에 대해 아무 편에도 동조하지 않는 다소 어색한 입장에 놓여 있었다. 한 사람이 나에게 말했다. "로렌, 당신은 마치 전쟁 중에 낙하산을 타고 뛰어내려서는 어느 편에 총을 쏴야 할지 모르는 사람 같군요." 그 말이 그렇게 정곡을 찌르는 말이 아니었다면 상당히 재미있는 말이 될 수도 있었다. 정말로 모임은 마치 전쟁을 벌이고 있는 양편이 휴전회담을 하고 있는 듯했다.

하루는 우리가 기도하기 시작했을 때, 나는 우는 것밖에는 그 어떤 것도 할 수 있는 것이 없음을 깨달았다. 그 느낌은 내 속 깊은 곳에서부터 나오는 것 같았다. 그런데 그 순간 나는 어떤 사람이 나와 똑같은 심정으로 울고 있는 것을 알았다.

내가 절제할 수 없을 정도로 울고 있으면서도, 내 마음속에 우리 두 사람이 성령님을 대신해서 울고 있는 것 같다는 느낌이 들었다. 그리스도의 몸의 분열에 대한 성령님의 슬픔과, 예수 그리스도와 그의 몸에 새롭게 상처를 내는 것에 대한 성령님의 탄식임을 깨달았다.

우리는 그 자리에 참석하고 있었던 모든 사람들과 더불어 중보기도하는 시간을 갖기 시작했다. 우리는 하나님 앞에서 우리의 마음을 바로잡는 것부터 시작했다. 한 사람 한 사람이 우리 안에 있는 그분께 자백해야 하는 죄를 보여 달라고 조용히 기도하는 시간을 가졌다. 어떤 지도자들은 모두 앞에서 자신의 잘못을 고백했다. 그러고 나서 우리는 하나님께 우리가 무엇을 위해 기도해야 할지를 물었다.

그 논쟁의 한쪽 입장을 취하고 있었던 사람이 "하나님이 내게 예루살렘을 위해 기도하라고 말씀하셨습니다."라고 했다. 그러자 그와는 반대의 입장을 취하고 있었던 한 사람이 "저도 그렇게 믿습니다. 하나님이 내게도 같은 것을 말씀하셨습니다."라고 덧붙였다.

그 다음에는 정말 특별한 일이 일어났다.

세 번째 사람이 말했다. "하나님이 내게 한 가지 그림을 보여주셨는데, 포도원을 허는 한 마리의 멧돼지 모습이었어요."

나는 '참 희한한 일'이라고 생각했다. 그런데 어떤 한 사람이 아주 흥분해서 "하나님이 제게 성경구절을 하나 생각나게 하셨어요. 찾아보니 포도원을 허무는 한 마리의 멧돼지에 관한 말씀이었습니다." 그는 시편 80편에서 그 말씀과 관련된 구절을 찾아 큰 소리로 읽었다. 그 방에 있는 모든 사람들의 얼굴에 놀라움이 가득 차기 시작했다. 우리보다 훨씬 큰 그 무엇인가가 이곳에서 역사하고 있었던 것이다.

우리는 고개를 숙였고 그중 한두 사람이 소리 내어 기도하기 시작했다. '멧돼지'와 '포도원'이 무엇을 의미하는지 이해할 수 있게 도와달라고 하나님께 간구했다. 그것은 아주 호기심을 자극하는 성경구절이었다.

그러자 한 사람이 고개를 들고 한 가지 생각이 떠올랐다고 말했다. 멧돼지는 종교적인 분쟁의 영을, 포도원은 예루살렘을 상징하는 것임을 하나님이 알려주셨다고 했다.

그의 말이 모든 것을 더욱 명백하게 했다. 방 안에 있던 우리 모두는 그것에 동의했다. 나 또한 그 말을 이해할 수 있었다.

내 생각은 갑자기 성지순례를 갔던 때로 되돌아갔다. 예루살렘은 3대 종교의 발상지다. 유대교, 회교, 그리고 기독교가 수 세기를 걸쳐 내려오면서 서로 피를 흘리며 싸워오고 있었다. 나는 예루살렘의 이름이 '평화'를 상징하면서도 갖가지 종교적인 불일치로 인한 갈등과 분쟁이 있는 것을 보면서 분노를 느꼈던 것을 기억했다. 그곳은 마치 종교적인 모든 것을 볼 수 있는 디즈니랜드와 같았다. 모든 종류의 종교적인 관행, 의식, 신당과 각종 축제가 거기서 행해졌다.

기독교 안에서도 각 지역 종파들이 서로 관심을 집중시키려고 경쟁하고 있었는데, 그들은 각각 그리스도의 삶에서 일어났던 다양한 사건들의 실제 장소들을 자신들이 갖고 있다고 서로 주장하고 있었다. 여러 파로 나뉜 성당 안에서는 한쪽의 사제가 다른 쪽의 속하는 촛대에 불을 켰다고 해서 한때 주먹 싸움이 있었다고 한다.

중서부의 도시에 있었던 그날의 모임에서 멧돼지의 환상을 이해하게 된 이후 우리들은 예루살렘의 평화를 위해 간절히 기도했다. 우리는 수백 년 동안 그 도시를 찢기게 했던 종교적인 분쟁이 끝나도록 기도했다.

그런데 환상을 받았던 그 사람이 소리쳤다. "그 멧돼지가 아직도 있습니다. 정면으로 나를 바라보며 움직이지 않습니다."

차가운 냉기가 내 목을 감싸는 듯했다. 그것은 마치 사탄이 우리를 조롱하고 있는 것같이 여겨졌다. 아무리 간절하게 기도해도 우리는 그에 대항할 아무런 능력이 없었다.

그때 한 지도자가 일어서서 주님께 받은 말씀을 큰 소리로 말했다. "너희들 자신이 하나 되지 못했기 때문에 너희는 종교적 분쟁의 영을 내어 쫓을 수 없다!"

그 모임은 나흘하고도 반나절이 지나서야 끝이 났다. 모든 사람이 평강과 일치의 마음으로 회의장을 떠난 것은 아니지만, 하나님은 공적으로나 개인적으로 사람들을 겸손케 하시기 시작하셨다. 많은 이들이 그 나흘과 반나절 동안 자신들의 결점을 고백하고 교리상의 진리를 보호한다는 명목으로 다른 그리스도인 성직자들을 고발한 것에 대해 용서를 구하기 위해 일어섰다. 우리가 떠날 때쯤 열기가 식었다. 우리가 동일한 생각을 갖게 된 것은 아니었지만, 우리는 서로에 대해 사랑하는 마음을 갖게 된 것이다. 이로써 논쟁의 위기는 진정되었다.

이 경험은 개인적으로 마치 헝클어진 실타래가 풀려지듯 '왜 우리가 그렇게 자주 사탄에게 무기력하게 당할 수밖에 없었는지'에 대한 이유를 알려준 계기가 되었다. 나는 서서히 '반대정신'으로 일하는 원칙이 정말 어떻게 역사하는지를 보기 시작한 것이다.

많은 그리스도인들이 자신들의 인생에 있어서 어두움의 세력에 대한 무력감으로 갈등한다. 그럼에도 불구하고 예수님은 그분을 따르는 우리들에게 원수를 다스릴 수 있는 권세를 주셨다고, 그래서 우리가 사탄과의 전쟁에서 싸워 이길 것이라고 약속하셨다. 하나님의 말씀은 '음부의 권세가 하나님의 교회를 넘어뜨리지 못할 것'이라고 말하고 있다. 그렇지만 주어진 상황에서 반대정신과 태도로 사탄에게 맞서지 않는다면, 기도나 전도를 할지라도 사탄에 대항할 아무런 권세나 능력도 갖지 못할 것이다.

예수님은 70인의 제자들을 자신보다 앞서 보내 사역하게 하시면서 "내가 너희를 보냄이 어린 양을 이리 가운데로 보냄과 같도다."라고 말씀하셨다. 일반적으로 이리는 양을 쉽게 먹어 치운다. 그러나 이 경우에는 그렇지 않다.

사탄에 사로잡혀 있는 사람들을 취해 내는 하나님의 주요 전략은-비록 그분이 사탄보다 무한히 강하시고, 천사의 수가 사탄의 졸개들보다 2대 1의 비율로 더 많다 할지라도-우리의 과도한 힘이나 능력을 사용하는 것이 아니다. 하나님은 그 일에 온유하지만 나약하지 않은 슈퍼 양들 Super Lambs을 사용하실 것이다!

하나님은 또한 지름길로 가는 것에 관심이 없으시다. 예수님이 광야에서 시험받으신 것에 대하여 진지하게 생각해 본 적이 있는가? 마귀는 예수님이 무엇을 하기 원하였는가? 내 생각에 마귀는 예수님이 '하나님의 뜻'을 '사탄의 방법'으로 성취하길 원했다. 그래서 예수님을 십자가 위에서의 그 모든 수치와 고통을 피하는 지름길로 유혹하려 했던 것이다.

마귀는 예수님께 만일 자신에게 엎드려 절하면 이 세상의 모든 왕국을 주겠다고 말했다. 하나님이 예수님을 이 땅에 보내신 목적은 이 세상 모든 왕국과 나라들을 당신의 아들에게 주시기 위함이었다. 요한계시록에 예언된 대로 이 세상의 모든 나라들은 언젠가, 그분이 정하신 때에 우리 주님의 나라가 될 것이다(계 11:15). 좀 작게 보면 이 주님의 나라는 이미 예수 그리스도의 몸 된 교회를 통해서 이루어지고 있는 것이다. 그러나 언젠가 예수님이 이 땅에 다시 오시는 날에 하나님의 나라는 완전히 이루어질 것이다.

사탄은 예수님께 즉각적으로 이 목적을 이루는, 즉 십자가 위에서의 고통과 고난 그리고 앞으로 수백 년 동안 그를 따르기 위한 사람들의 순종을 옆으로 슬쩍 비켜가도록 예수님을 유혹한 것이다.

그렇다면 이 말씀을 통해 우리는 무엇을 배울 수 있는가? 예수님이 사탄을 대적하셨듯이 우리도 역시 그를 대적해야 한다. 그래서 하나님의 뜻을 마귀의 방법으로 이루도록 사탄이 지름길로 우리를 유혹할 때에 마귀를 분별하는 법을 배워야 한다.

왜 하나님이 사탄을 지금 당장 무저갱에 넣어 그의 악한 영향력과 세력을 없애지 않으시는지, 그 이유에 대해 궁금하게 여겨본 적이 있는가?

우선, 하나님은 우리의 순종을 통하여 사탄의 일을 파괴시키려고 사탄의 공격을 허락하셨다. 사탄은 어두움으로 오지만 우리가 성령의 인도하심에 순종하는 것은 그 어두움에 불을 켜는 것과 같다. 우리는 종종 빛의 속도에 대해 듣는다. 그러나 캠벨 맥칼파인이란 내 친구는 어두움의 속도에 대해서 말하기를 좋아한다. 어둠은 1초에 약 30만 킬로미터의 속도로, 빛을 비추면 빛보다 앞서서 도망간다. 그러므로 불만 켜면 되는 것이다.

몇 년 전에 우리는 하와이 동부 힐로에 있는 임대 건물에서 훈련학교를 인도하고 있었다. 집안 시설들은 모두 좋았고, 또한 많은 학생들을 수용할 만큼 넓었다. 강의실과 예배실로 이용하기에 알맞은 거실도 있었다.

우리는 하와이 서부에 자리한 코나로 이사하기로 계획한 후에 그해 여름 동안 그 건물을 쓸 수 있도록 계약을 했다. 그런데 어느 날 건물 주인이 와서 그 건물을 다른 사람들이 사용하기 원하니 좀 일찍 비워달라고 하였다. 거기에 드는 비용은 그쪽에서 부담하겠다고 했다. 하지만 그것은 그렇게 간단한 문제가 아니었다.

이사 오겠다고 하는 사람들은 마약과 문란한 성행위 등 갖은 악을 행하는 사람들이었다. 그들은 자신들의 교주를 우두머리로 숭배했다(나중에 그들이 어린아이를 죽여 희생 제물로 드렸다는 것도 알게 되었다). 그들은 우리를 단지 2주일 일찍 내보내기 위해 우리에게 2천 달러를 주겠다고 했다.

우리는 기도하면서 하나님의 인도하심을 구했다. 우리는 계약 기간이 아직 만료되지 않았기 때문에 그들의 제안을 거절할 수 있는 정당한 권리가 있었다. 그러나 우리의 생각과는 달리 전혀 뜻밖의 인도하심이 있었다. 주님께서 그들과 싸우지 말고 일찍 옮겨 나가라는 마음을 주셨다. 사무엘하 5장에 있는 말씀이 떠올랐다. 하나님이 다윗에게 그의 군대는 뽕나무 꼭대기에서 행진하는 소리가 들릴 때까지 움직이지 말라고 하셨다. 왜냐하면 여호와께서 블레셋 군대를 멸하시기 위해서 그들보다 앞서 행하실 것이기 때문이라고 하셨다. 그것은 복병에 관한 말씀이었다.

나는 앉아서 이 말씀을 생각했다. 하나님이 이 집단을 대항할 복병들을 준비시켜 놓으신 것일까? 그래서 우리에게 아무것도 하지 말고 그냥 옮기라고 하시는가?

그 집단의 교주는 자극적인 옷을 입은 두 명의 젊은 여자들을 보내어 우리를 설득하려 했다. 건물 뒤, 잔디에 있는 의자에 앉아서 그들은 다시 2천 달러를 주겠다고 제안했다. 나는 그들에게 부드럽지만 완강하게 우리는 그 돈을 원하지 않는다고 했다. 우리는 당장에 이사를 갈 것이지만 그들의 돈에는 손도 대지 않을 것이라고 했다.

"왜 그러시죠?" 그중 한 사람이 물었다. 한바탕 싸울 준비를 하고 온 그들은 이런 대답을 예상하지 못했던 것이다.

우리는 이와 같은 상황이 벌어진 이후로 계속해서 이 집단에 있는 사람들이 예수 그리스도를 자신들의 구세주로 알게 되기를, 또한 자유케 되기를 간절히 기도하고 있었다. 그래서 나는 이 두 여자에게 예수 그리스도에 대해서, 그리고 그분만이 경배와 섬김을 받으실 수 있는 유일한 분이라는 것에 대해서 이야기했다. 나는 그들에게 하나님이 우리에게 말씀하셨기 때문에 계약 기간보다 일찍 이사하기로 했다고 말했다. 그리고 그들이 사로잡혀 있는 영적 속임수에 대해 경고했다. 2천 달러로 나는 그들에게 예수님에 대해 증거할 수 있는 귀한 기회를 얻은 것이었다.

우리는 코나로 이사를 왔지만 힐로의 그 건물에서 사악한 일이 벌어지고 있다는 소식이 계속해서 들려왔다. 그들은 우리가 예수님께 예배드리고 기도하며 하나님의 말씀을 듣던 바로 그 방에다 보좌를 만들어 거기에 그들의 교주를 앉히고 그에게 엎드려 절하고 있다고 했다. 그 이야기를 들으며 몸서리를 쳤지만 우리는 하나님이 복병들을 매복시켜 놓으셨다는 말씀을 기억했다.

정확히 8주 뒤에 그 교주는 그 근처 다른 섬에서 행글라이더를 타고 있었다. 그런데 갑자기 돌풍이 불어와 그를 해변가에 있는 거친 바위절벽에 내동댕이쳤다.

그의 추종자들은 상처투성이의 시체를 집에 가져다 방부제 바르는 것도 거절하고 3일 동안이나 그 썩은 몸이 다시 살아나길 기다렸다고 한다. 그렇지만 그는 다시 살아나지 않았다. 하나님은 그의 복병을 매복시켜 놓으셨던 것이다.

몇 주 뒤에 나는 그의 이웃집의 딸과 그 우상 숭배에 참가했던 한 사람이 개종해서 이제는 예수님을 따르고 있다는 소식을 들었다. 우상숭배는 저절로 없어진 것이었다.

그 이후, 하와이 코나에 우리 YWAM 센터가 완공된 뒤 그리스도인 훈련 프로그램을 위해 사용하려고 다시 한 번 힐로에 있는 그 건물에 가 보았다. 어두움은 빛 앞에서 이미 도망가 버린 후였다. 그때 우리가 했던 일은 단지 하나님께 순종하면서 그분을 증거하고, 돈 2천 달러를 거절하는 것뿐이었다.

하나님은 이 땅 위에 그리스도의 왕국을 확장시키기 위해 사탄의 공격을 허락하신다. 우리가 사탄의 공격에 올바르게 반응할 때마다 이 세상에서 하나님께 돌려질 우리의 땅은 그만큼 넓어지는 것이다. 이에 대한 가장 위대한 실례는 예수님이 그분이 오셨던 천국으로 돌아가신 직후 몇 세기 동안 일어났던 일이다.

적은 그리스도인들의 무리가 대 로마제국의 엄청난 세력에 대항해 싸우고 있었다. 지구상에 있는 모든 나라들을 정복하고 수십만의 군인들을 가진 거대한 국가가 그 시민들의 야망과 탐욕, 독재자들의 광기에 자극을 받았다. 그래서 로마제국과는 멀리 떨어진 곳에서 하나님의 아들이 이 땅에 와서 죽고, 부활했다는 것을 선포하던 지극히 소수의 사람들에게 그 모든 분노를 쏟아부었다.

초기의 그리스도인들은 이런 대학살에 '반대정신'으로 대항했다. 수천 명의 신자들이 로마 황제들이 고안한 온갖 악랄한 박해를 받으면서도 지극히 온유한 모습으로 죽음을 맞이했다. 그러나 온유한 자가 결국에는 이겼다. 왜냐하면 모든 그리스도인들이 원형 경기장에서 사자들에게 몸이 찢겨 나갈 때 더 많은 사람들이 그들의 침묵 속에서 선포된 복음 증거를 보았고, 나중에 믿음의 대열에 오히려 동참하게 된 것이다. 그로 인해 300년 이내에 기독교는 로마의 국교가 되었다.

결국 세계에서 가장 강한 나라는 패망했지만 반면, 기독교는 계속 번성하여 새로운 나라들과 사람들 사이로 퍼져 나갔다. 온유한 자가 땅을 기업으로 받는다.

하나님이 원수로 하여금 우리를 공격하도록 허락하시는 세 번째 이유는 그분이 그와 같은 공격들을 통해서 우리의 영적, 정서적, 육체적인 필요들을 공급하시기 때문이다.

삼손이 사자에게 공격을 받았을 때 그는 성령의 능력으로 그 맹수를 죽였다. 삼손은 돌아오는 길에 그 사자의 시체 안에서 꿀을 발견했다. 그래서 블레셋 사람들에게 이에 관한 수수께끼를 내었다. "먹는 자에게서 먹는 것이 나오고 강한 자에게서 단 것이 나왔느니라." 이것은 무엇을 의미하는가?

사탄은 우는 사자와 같이 우리를 찾아 삼키려 하고 있다. 하지만 주님께서 허락하신 공격에는 언제나 우리를 위해 예비해 놓으신 복이 있다는 것이다. 우리가 '반대정신'으로 나아갈 때, 하나님은 의인을 위해서 사악한 자들의 제물을 쌓아놓게 하시는 것이다(잠 13:22).

에스더서에는 사탄이 악하고 야망에 찬 한 사람을 선동해서 선한 사람을 대적하도록 했던 이야기가 나온다. 하만은 모르드개에 대해 가졌던 증오와 결투 때문에 모르드개를 살인할 계획을 세웠다. 그러나 모르드개를 위해 준비된 교수대에 하만이 대신 매달렸고, 그의 아름다운 집과 재산들은 모르드개에게 돌아갔다. 하나님은 악인으로 하여금 의인을 위해 그 소유를 쌓아놓도록 허락하시는 것이다.

예수님은 우리에게 양으로서 나아가라고 말씀하셨다. 우리가 세상과의 갈등에 부딪히고 세상 사람들처럼 눈에는 눈, 이에는 이로 싸우는 그런 방법을 택한다면, 우리는 양이 아니고 늑대인 것이다.

내 친구 게리 맥키니는 스페인에서 YWAM 사역의 책임자로 일하고 있었는데, 하루는 나를 방문해서 그가 경험했던 이야기를 하나 들려주었다.

그가 뉴욕 주에 있는 부모님을 방문했을 때, 이단 신도 두 명이 집 정문으로 들어오는 것을 보았다. 그들이 벨을 누를 때 게리는 주님께 어떻게 해야 할지를 물었다. 하나님은 그날 아침 경건의 시간에 느꼈던, 예수님이 자신에게 얼마나 중요한 분인지를 나누라고 하셨다.

그래서 게리는 그들을 집으로 들어오라고 한 뒤, 그들에게 예수님에 대해서 말하기 시작했다. 그는 논쟁에 끼어드는 것을 거절하고 다만 그들에게 예수님이 정말 살아 계신 분이며 바로 그 주간에 예수님이 자신에게 어떤 일을 행하셨는지에 대해서 말했다. 게리의 이야기에 마음을 열게 된 그들은 논쟁하는 대신 조용히 게리의 말에 귀기울였고 그에게 질문하기 시작했다.

게리로부터 그 이야기를 듣고 있는 동안 내 마음은 다른 곳에 가 있었다. 게리가 상대했던 이들처럼 누구나 알고 있는 이단을 믿는 한 신도와 만났던 일이 생각났던 것이다. 내 경우는 게리가 경험했던 것과는 전혀 다른 결말로 끝났고, 그때의 경험은 내 양심을 아프게 찔렀다.

시애틀에서 전도 여행을 하며 축호 전도를 하던 때의 일이다. 매일

매일 짝을 바꿔가며 두 사람씩 짝을 지어 나가서 사람들에게 주님을 전했다. 그날 나는 친한 친구였던 한 목사와 짝이 되어 함께 나갔다. 아주 즐거운 날이 될 거라는 기대감으로 가슴이 부풀어 있었다.

우리는 교외에 있는 주택단지의 한 평범한 집 앞에서 30대쯤으로 보이는 어깨가 떡 벌어진 대머리 신사를 만났다. 놀랍게도 그 집 대문에는 흔히 있는 잡상인 거부 팻말이 없었다. 그는 기꺼이 우리를 들어오라고 초청하여 자리에 앉게 하고는 대화를 하려는 듯 자기도 앉았다.

내 친구가 성경을 펼치려 하자 그가 먼저 질문 공세를 펴기 시작했다. "삼위일체에 대해 어떻게 생각하십니까?" 나는 옆에 있던 내 친구를 얼른 바라보았다. 그는 우리가 지금 어떤 사람과 이야기하고 있는지 알았다는 의미로 내게 미소를 지어 보였다. 우리는 그에게 이러이러한 종교 집단에 속한 사람이 아니냐고 물었고, 그는 자랑스럽게 자신이 그 집단의 지역 지도자 중 한 사람이라고 말했다.

우리는 의자에 등을 기대고 앉아 심각한 논쟁을 벌이기 시작했다. 나와 내 친구만큼 그 이단 신앙의 오류에 대해서 철저하게 반박할 준비가 되어 있는 사람은 없었다. 우리는 그 사람과 계속해서 논쟁을 벌였고 그 사람도 성경과 그가 믿는 경을 대조해 가며 반박했다. 그것은 대단한 논쟁이었다. 두 시간 후쯤에는 그 남자가 풀이 죽는 것을 눈치챘다. 그는 우리에게 제압을 당한 것이었다. 친절도 다 사라졌다. 그는 화가 난 채 일어서서 우리에게 나가라고 소리쳤다.

내 친구와 나는 이 이단 지도자의 잘 훈련된 논쟁술을 멋지게 이긴 것에 대해서 기뻐하고 자축하면서 성경을 들고 그 길을 걸어 내려왔다.

이제 몇 년의 시간이 지난 지금 나는 그날의 오후를 기억하며 부끄러움에 고개를 숙였다. 그때 나는 우리가 이겼다고 생각했지만, 사실은 그것이 아니었음을 이제서야 깨달은 것이다. 온유와 친절한 사랑으로 이단 교도들을 대한 게리의 태도와 수년 전 시애틀에서 나타냈던 나의 반응은 너무나 대조적인 것이었다. 나는 게리와 대화를 마치자마자 혼자 떨어져 나와 나만의 시간을 가졌다.

나는 '반대정신'을 갖고 사역하는 원칙을 어겼던 내 자신의 태도에 대해 하나님께 용서를 구했다. 그 특정 이단은 종교적인 논쟁의 영에 사로잡혀 공격적이고, 논쟁을 잘하는 사람들로 알려져 있었다. 그런 이들에 대해 반대정신인 '겸손'으로 대하는 대신, 그들과 똑같은 정신으로 맞섰던 것이었다. 우리는 비록 그날 시애틀에서의 논쟁에서는 이겼을지 모르지만, 그에게 굴욕감을 주었고 그 남자를 복음으로부터 오히려 멀어지게 한 것이었다.

우리 주변에는 많은 사탄의 영과 현상, 역사하는 힘이 있다. 그중 오늘날 세상에서 가장 만연한 사탄의 영은 탐욕의 영이다. 당신은 사람의 얼굴에서 탐욕이 인격화되어 나타나는 것을 본 적이 있는가?

나는 수년 전 하와이 코나에 기독교대학 설립을 위한 부동산을 구입하려 했을 때 그런 경험을 한 적이 있다.

우리가 사려고 했었던, 이전에는 호텔이었던 그 건물은 8년 동안이나 부도에 관련되어 여러 명의 사람들이 그 건물의 매입권을 놓고 싸우고 있었다. 무단 거주자들이 그 호텔에 이주해 있었고, 그 건물 관리인들은 불법으로 그들에게 건물을 임대해 주고 있었다. 우리는 적도 지방의 수풀이 주변에 무성한 그 건물에서 일어나고 있는 모든 불법적인 활동에 대해서 들었다. 그 건물 안에서는 마약 거래와 매춘이 행해지고 있었으며, 그 지역 사람들은 그 일에 연루되어 있는 부패공무원들에 대해서도 넌지시 말해 주었다.

그럼에도 하나님은 우리에게 바로 그 건물을 사라고 말씀하셨다. 우리가 그 문제를 놓고 기도했을 때 하나님은 우리가 그 건물을 사기 위해 제시해야 할 정확한 금액과 대금 지불 조건까지도 마음속에 생각나게 해 주셨다.

입찰이 있던 날, 나는 우리의 가격을 제시하기 위해 변호사와 함께 확신 가운데 법정 안으로 들어갔다. 방청석에는 호텔을 사려고 하는 많은 사람들이 변호사와 함께 기다리고 있었다.

대리인으로 나온 각 변호사들은 차례로 일어서서 자기 의뢰인들의 몫을 주장했다. 나는 그들의 주장이 점점 격해지는 것을 지켜보았다. 제각기 그들의 권리를 주장하고 있었다. 그 모습은 마치 어린아이들이 하나의 장난감을 서로 갖겠다고 잡아당기는 모습과 비슷했다. 탐욕의 영이 그 법정 안에서 마치 실재하는 것처럼 여겨졌다. 그 호텔의 소유권을 갖고 있는 사람들은 우리가 제시하려는 금액의 네 배가 넘는 액수를 요구하고 있었다.

높이 위치한 판사석에서 판사가 나를 내려다보며 말했다. "로렌씨, 당신은 이 호텔을 사기 위한 구체적인 금액과 대금 지불 조건을 갖고 나오신 줄 아는데요."

우리는 그 당시 그 호텔을 살 수 있는 충분한 돈은 갖고 있지 않았지만 주님이 사라고 하신 분명한 약속의 말씀을 갖고 있었다. 그래서 자신감을 갖고 주님이 우리 마음에 주셨던 그 액수를 입찰금액으로 제시했다. 어찌됐든 부족한 금액은 주님께서 채워주실 것이다.

코나로 돌아온 후, 나는 함께 기도하는 시간을 갖기 위해 동역자들을 불러 모았다. 그리고 방금 법정에서 본 가공할 만한 탐욕의 모습에 치를 떨었지만 과연 우리는 그들과 얼마나 다른가 하는 의문을 제기했다. 우리도 그 법정에 있던 다른 사람들처럼 그 건물을 얼마나 사고 싶어 했는가?

우리가 그 호텔을 사려는 이유와 이에 대한 우리의 태도를 가능한 객관적으로 점검해 보기 위해 나는 점검표를 작성해서 우리 자신을 비추어 보았다. 그렇다. 우리는 확실히 그들과 달랐다. 우리는 이 건물을 통해서 어떤 개인적인 이익을 보고자 하는 것이 아니라 오로지 하나님의 일을 이루기 위해 그 건물을 사용하려는 것이었으며, 그 일은 검소하고도 지극히 상식적인 방법으로 이루어질 것이다. 이유와 동기가 다를 뿐 아니라, 그 건물을 사는 과정과 방법도 다를 것이다. 우리는 탐욕과는 정반대로 나아갈 것이다. '관대하게 베푸는 것' 외에 탐욕과 반대되는 것이 무엇이 있겠는가?

그 당시 코나에는 간사와 학생들을 포함해 250명이 있었다. 우리 각 사람은 자신들의 주머니를 몽땅 털어 건물을 사기 위한 예치금을 모았다. 5만 불을 모았지만 건물을 사기에는 많이 부족했다.

당시 우리는 세계 가난한 지역에 하나님의 말씀과 더불어 실제적인 도움을 줄 목적으로 배를 구입하기 위해 상당한 금액을 저금해 놓고 있었다. 아주 오랜 기간에 걸쳐 믿음으로 그 배를 놓고 기도하고 있었다. 그렇지만 우리는 기도하는 가운데 하나님이, 수십만 달러의 그 돈을 배를 구입할 다른 선교 단체 OM(Operation Mobilization)에 주기를 원하신다고 믿고 주기로 결정했다.

우리가 그렇게 돈을 내어주고 난 후, 다른 기독교 사역 단체 중 하나인 데이스타DAYSTAR 공동체가 우리가 OM에 주었던 금액의 10배가 되는 부동산을 우리에게 주었다. 이 부동산은 은행 대출을 위한 담보가 되었고 결국 그 호텔을 살 수 있는 준비가 되었다.

우리가 계속 기도하고, 내어주고, 나누며, 결국은 승리를 주실 하나님을 찬양하면서 은행 대출을 신청하고, 우리의 입찰이 받아들여질 것인지를 알기 위해 기다리는 동안 몇 개월의 시간이 흘렀다.

기다림의 시간 동안, 주님은 단지 돈을 그냥 주는 것에서 더 나아가 서로 관대하게 서로의 물질을 나누는 시간을 가지라고 말씀하셨다. 그래서 우리 한 사람 한 사람은 다른 사람들에게 기꺼이 주어야 할 무엇인가를 갖고 있지는 않은지에 대해 하나님께 물으며 기도했다. 우리는 건물을 사기 위한 자금을 모으기 위해 그렇게 했던 것이 아니었다. 그것은 단순히 이 상황 속에 역사하고 있던 탐욕의 영에 관대함으로 대적하기 위한 행동이었던 것이었다.

우리는 계속해서 며칠 동안 각각 개인적으로 기도하면서 각자 자기 방과 아파트에 가서 그들의 귀중한 것들을 서로서로 나누는 시간을 가졌다. 한 가족은 다른 가족에 아름다운 유화를 선물하였고, 어떤 이들은 살림 도구들을 다른 집에 나눠주었고, 또 어떤 이들은 가장 아끼는 옷을 다른 사람들에게 나눠주기도 했다. 한 남자 아이는 몇 달 동안이나 저축한 돈으로 산 서프보드를 다른 사람에게 주었고, 자신은 다른 아이에게서 스케이트를 받는 일도 있었다. 우리가 서로 나눌 때 그 시간은 마치 크리스마스처럼 즐겁고 흥분되는 시간이 되었다.

우리는 이러한 시간을 보내면서 탐욕의 영이 우리 가운데서 깨어져 나가는 것을 경험했다. 어떤 이들은 우리가 다만 운이 좋았다고 말할지도 모르지만 우리 250명의 사람들은 우리가 단순히 나누는 그 행위 때문에 11개월 뒤에는 그 건물의 소유주가 요구한 가격의 4분의 1에 해당하는 금액으로-주님이 우리에게 말씀하신 바로 그 가격과 조건으로-건물을 살 수 있게 되었음을 모두 알고 있다.

세상에는 때에 따라 역사하는 여러 많은 영들과 그에 따른 태도나 경향들이 작용하고 있다. 영은 하나의 인격으로서 우리의 태도나 행동에 영향을 미친다. 성령이 인격이심과 같이 사탄도 타락한 천사도 하나의 인격이다. 그래서 그 영의 영향 아래서 같은 태도로 움직이거나 더 나아가 그 영에 사로잡힐 수 있는 것이다. 그래서 비록 한 시간이나 하루, 잠깐 동안 영향을 받았다 할지라도 당신이 그리스도의 방법, 즉 반대정신으로 그 영으로부터 자유케 될 때까지는 결코 영적으로 승리할 수 없는 것이다.

예를 들어, 불충성의 영이 있다고 하자. 우리는 반드시 충성의 태도로 움직여야 한다. 우리는 그리스도의 몸 안에서 개인적인 차이점들을 따져 보는 것에 전념하기보다는 예수 그리스도, 그분에게 위탁되어야 한다. 그리스도의 몸 안에 우리는 이미 너무나 많은 벽들을 세워 놓았다. 이제는 서로 간에 다리를 놓아야 할 때다. 지금 이 세대는 다른 사람들의 행동이나 신념, 동기들을 쉽게 공격하고 그리스도인들이 공공 언론을 통해 다른 그리스도인들의 잘못을 고발하기도 하지만, 이제 우리는 그러한 태도를 충성된 태도로 바꾸어야 한다. 그것은 무조건 잘못을 눈감아 주는 태도가 아니라 잘못이 있을 때는 개인적으로 찾아가서 해결하며(마 18:15), 용서와 위탁된 마음을 갖고 각 사람의 차이와 잘못, 연약함을 뛰어넘어 함께 일하기 위한 충성이다. 사랑은 허다한 죄를 덮는다. 우리는 온유한 마음을 가지고 서로가 서로를 잡아줄 필요가 있는 것이다(갈 6:1).

사탄은 또한 독립 정신에도 역사한다. 그래서 사탄은 우리 자신 또는 우리가 속한 단체가 홀로 설 수 있다고 생각하도록 우리를 부추긴다. 피터 마셜과 데이비드 매뉴얼이 함께 쓴 『빛과 영광』(*The Light and the Glory*)에 보면 어떻게 청교도들이 미국이라는 땅에 들어오게 되었는지 말하고 있다. 청교도들은 아메리카 대륙의 인디언들을 하나님께로 인도하고 세계에 복음을 전하는, 선교하는 나라를 이룩하려는 목적을 위해 인디언들과 언약 관계를 맺었다. 처음에는 그런 정신으로 서로가 서로에게 위탁되어 많은 인디언들이 그리스도께로 돌아오기 시작했다.

그런데 독립 정신이 들어오기 시작하고 개척자들은 각각 땅을 300에이커씩 받았다. 그렇게 되자 각 사람들은 이전에 갖고 있던 공동의 목적보다는 개인의 부를 축적하는 데 급급했다. 그러자 인디언들에게서 반란이 일어났고, 백인과 인디언 사이에 평화가 깨졌다. 그 결과 살육과 피를 흘리는 일이 200년 넘게 계속되었으며, 미국은 그 땅에 최초로 정착한 선조들의 선교 목적으로부터 아주 멀어지게 되었다.

오늘날에도 우리 미국인들은 여전히 필요 이상의 자부심과 독립

심을 갖고 있다. 이것이 여러 교단들이 갈라져 나가는 근본적인 원인임에도 그들은 이렇게 말한다. "우리는 다른 사람들에게서 배울 게 없소. 우리 안에 충분한 것들이 있으니 우리는 그 어떤 사람도 필요치 않소." 이것이 바로 독립의 영이다. 이것은 오직 우리가 서로의 필요성을 인정하고, 겸손과 일치의 마음으로 서로에게 위탁하는 '상호 의존'의 정신을 가질 때에만 극복될 수 있는 것이다.

또, 부도덕의 영은 반드시 순결의 영으로만 극복될 수 있다.

지난 1950년대로 되돌아가 보자. 미국에서 일어나고 있는 청소년들의 각종 폭력 범죄들을 보면서 미국인들은 처음으로 마약 문제를 심각하게 인식했다. 이런 상황 가운데 하나님은 누구를 일으켜서 당신의 뜻을 드러내셨는가? 과거에 마약 중독자였던 사람이었는가? 아니면 뒷골목 사정과 암흑세계에 정통한 사람이었는가? 그중 어떤 사람도 아니었다. 하나님은 뉴욕에서 볼 수 있는 갖가지 죄악들에 대해서 전혀 무지했던 한 사람, 바싹 마르고 볼품없는 시골뜨기 목사를 일으키셨다.

그 사람은 바로 나중에 자신의 경험을 담아 『십자가와 면도칼』 (The Cross and the Switchblade)이라는 책을 쓴 데이빗 윌커슨이다. 그는 이 책에서 억세고 마음이 강퍅한 거리의 약물 중독자들을 어떻게 반대정신으로 대하였는지, 그리고 그리스도의 복음을 어떻게 그들의 삶에 가져다주었는지 고백하고 있다. 이것이 바로 반대정신으로 전도하는 법칙이다.

한번은 데이빗이 무장한 갱들에게 포위당해 면도칼로 위협을 당한 적이 있었다. 이때 데이빗이 갱들에게 말했다. "당신들이 원한다면 나를 그 면도칼로 조각조각 난도질할 수 있겠지만, 그렇게 난도질당한 내 몸의 조각들은 여전히 당신들을 사랑할 것이오."

지금 이 순간 사탄은 거절감과 이간의 영으로 전성기를 맞고 있다. 많은 사람들이 어렸을 때에 상처를 받는다. 그들 중 대부분은 아직도 다른 사람들의 반응을 보며 자신들이 거절당하고 있다고 생각한다. 오늘날 그토록 만연하고 있는 성적인 부도덕을 통해서 자신들이 용납받고 있다는 느낌과 애정을 구하고 있는 것이다.

그리스도인들은 모두가 자신이 죄인임을 인정한다. 또한 예수님이 우리들을 위해 죽으셨으므로 누구든지 죄악을 버리고 자신이 죄인임을 인정한 후 그분께 나아오면 용서를 받을 줄 믿고 있다. 그럼에도 그리스도인들로서 용서하기 힘든 죄가 있다.

대부분의 그리스도인들이 동성연애자들이 구원받고 변화될 수 있다는 사실 자체에 의혹을 갖는다. 그래서 우리들에게 이것은 용서받을 수 없는 죄가 되어 왔다.

죄는 미워하되 죄인은 사랑해야 한다고 말들은 하지만 과연 동성연애자들을 찾아가서 부둥켜안으며 사랑한다고 말할 수 있는 사람들이 얼마나 되겠는가?

그 어떤 사람도 자신을 향한 그 사람의 사랑이 혐오감을 덮고 있는 위장된 거짓 사랑인지 참 사랑의 영인지를 간파할 수 있다.

나는 동성연애가 태어날 때부터 그 사람에게 주어지는 것이 아니라 자신의 선택이라는 결론을 내리게 되었다. 동성연애의 죄는 거절감을 당한 사람들에게 있을 수 있는 유혹이다. 그들은 사랑을 찾아 갈구했지만 거짓된 정욕의 방법으로 사랑을 발견한 것이다. 잔인한 비약이지만 그들이 받았던 거절감이 그들을 동성연애에 빠지게 했고, 이것이 그들을 사회로부터 더 심한 거절을 당하게 한다. 그리고 이 거짓 사랑은 아주 강한 힘으로 그들의 삶에 굴레를 씌운다. 우리 그리스도인들이 그들이 찾고 있었던 사랑과 용납을 제시하고 베풀지 않으면 이 굴레는 결코 허물어지지 않을 것이다.

최근에 급격하게 번져가고 있는 에이즈(AIDS:아직도 서구에서는 주로 동성연애자들에게 나타나는 질병으로 알려져 있음) 때문에 동성연애자들은 사람들로부터 더욱더 엄청난 거절감을 받고 있다.

동성연애 때문에 에이즈에 걸린 환자가 댈러스의 한 병원에서 죽어가고 있었다. 거기서 일하고 있던 자원봉사자 한 사람이 유서를 쓰는 것을 도와주다가 그의 눈에서 눈물이 흘러내리는 것을 보게 되었다. 그 자원봉사자는 다가가 자신의 팔로 그 남자를 감싸 안아주었다. 잠시 후 이 환자는 "누군가 나를 이렇게 손으로 만져준 지가 얼마나 오래된 줄 아세요?"라고 말했다.

인간적인 따스함의 손길을 뻗쳤던 그 사람은 그리스도인이 아니었다(그렇게 하는 것이 마땅히 그리스도인들이 해야 할 일이었음에도). 나는 오늘날의 이 재앙이 교회가 수천 명의 동성연애자들에게 사랑을 나누는 것을 통해 그들을 자유케 할 수 있는 엄청난 기회가 되리라고 본다.

우리는 동성연애자들과 간음한 사람들을 정죄함으로써 그들을 복음에서 얼마나 많이 멀어지게 하고 있는가? 그들이 하나님을 외면하고 돌아서는 이유는 복음 때문이 아니라 우리의 정죄하는 태도 때문일 것이다. 진리의 영을 갖고 온유한 심령으로 부드럽게 다가갈 때, 우리는 그들이 반드시 자유케 되어야 할 죄를 보여줄 수 있다.

사탄의 영은 교만을 바탕으로 하여 숨기고 은폐하게 한다. 우리는 서로의 관계 안에서와 하나님 앞에서 조금의 숨김도 없는 투명한 삶을 통해 이 영과 맞서야 한다. 투명함은 겸손의 열매다. 겸손은 곧 당신이 어떤 사람인지 있는 모습 그대로 기꺼이 알리고자 하는 마음이다. 교만은 실제의 당신 모습이 아닌 다른 어떤 모습으로 나타내 보이고자 애쓰는 것이다.

국민이 그들의 정치·종교 지도자들에게 투명하고 정직해야 한다고 요구하는 것은 마땅한 것이다. 비록 지도자 위치에 있지 않은 사람이라 할지라도 우리 그리스도인들은 서로에 대해 열려 있어야 하며, 또한 정직해야 한다. 목사들은 성도들과, 교사는 학생들과, 부모는 자식들과, 지도자는 그들을 따르는 사람들과, 또한 따르는 이들은 그들의 지도자와, 남편은 아내와 그러한 관계가 되어야 한다.

그렇다면 왜 어떤 사람들은 다른 사람들보다 하나님과 더 가까워 보이는가? 왜 어떤 사람들은 다른 이들이 그들의 한계를 뛰어넘어 권위를 갖고 사역하고 있는 동안, 자기 혼자 평범한 사람으로 머물러 있으면서 갈등하고 있는가? 우리 모두는 십자가 아래서 다 동등하다. 하지만 당신은 하나님과 함께 행하는 우리의 영향력과 사역의 범위와 능력의 정도가 누구나 다 동등하지 않다는 것을 쉽게 알게 될 것이다.

사역이 커질수록 당신이 가져야 할 삶의 투명성(거짓과 숨김이 없는 삶)과 개방성의 정도도 더 커져야 한다. 만일 우리가 고백하지 않은 죄를 그대로 가지고 있으면 사탄은 그것으로 우리의 삶 속에 능력을 갖고 역사할 수 있는 것이다. 하나님께는 이미 고백하였지만 언젠가 사람들 앞에 드러나 우리를 대적하지는 않을까 하는 두려움 속에 살아가도록 하는 죄도 있을 것이다. 그때 사탄은 우리만 알고 있는 비밀을 갖고 위협하는 협박자로 등장하는 것이다.

이렇게 고백하지 않은 죄는 빛 가운데 드러내놓기 전까지 우리의 약점(연약함)으로 남아 있지만, 회개하면 하나님과 사람 앞에 겸손하게 고백한 마음이 가져다주는 보호 아래 있게 된다. 그래서 사탄이 당신을 공격하기 위해 이런 죄들로 당신을 정죄하면 당신은 담대하게 말할 수 있는 것이다. "그 죄는 이미 해결되었다. 나는 이미 그것을 하나님과 그 죄에 관련된 사람들 앞에서 고백했다!" 이처럼 어린 아이와 같은 투명함, 즉 어떤 것도 거칠 것이 없는 깨끗한 삶이 바로 예수님이 그를 참소하는 사람들과 부딪쳤을 때 그분이 가지셨던 권위의 열쇠가 되는 것이다.

두려움은 우리가 하나님을 위해 세상을 취해 나아갈 때, 우리 자신 안에서 또한 이 세상 안에서 우리가 싸워야 할 가장 강력한 영이다. 하나님 말씀에 "온전한 사랑이 모든 두려움을 내어 쫓는다."고 했듯이 두려움의 반대는 사랑이다.

나는 젊은 남편으로서 내 삶에 크고 비밀스러운 두려움을 갖고 있었다. 그 두려움은 내가 그 근본 원인을 이해하고 다루기 전까지 몇 년 동안 내 삶 가운데 계속 자리 잡고 있었다.

달린은 이 세상에서 내게 가장 소중한 사람이다. 제1장에서 말했듯이 우리가 애리조나에서 자동차 사고를 당했을 때, 나는 그녀의 생명에 대한 권리를 하나님 앞에서 포기했었다. 그러나 연속적으로 발생했던 이상한 사건들은 우리에게 더 깊은 이해를 가져다주었다. 때때로 우리는 자신의 권리를 포기하는 것에 그치지 않고 그 이상의 일을 할 필요가 있다. 사탄이 우리의 삶 가운데 틈타려고 하는 것이 무엇인지 깨닫고 반대정신으로 싸워야 하는 것이다.

달린은 일련의 계속되는 사고를 당했다. 우리가 신혼일 때 사모아로 선교여행을 갔는데, 달린이 바위에서 미끄러져 그만 절벽 위로 떨어졌다. 나는 그녀가 다리를 절벽 끝에 걸친 채 의식을 잃고 있는 것을 발견했다. 우리가 나중에 듣기로는 달린이 떨어졌던 바로 그 장소는 해마다 몇 명씩 미끄러져서 강한 물살에 사람들이 쓸려 내려가는 곳이었다. 그래서 그곳의 이름이 '미끄러지는 바위'Sliding Rock였음도 나중에 알게 되었다.

그 일이 있은 지 2년 뒤 애리조나에서 이 책의 제1장에서 말했던 자동차 사고를 당해 달린은 다시 한 번 거의 죽을 뻔했다.

그리고 또다시 1년 뒤에 아내와 나는 펜실베이니아 턴파이크로 가는 유료 도로를 달리고 있었다. 우리는 얼마 전 우리 선교단체가 기증받은 스테이션 왜건Station Wagon 한 대를 인수해서 그 차와 우리 차를 각자 운전하며 돌아오는 길이었다. 백미러를 통해 아내가 운전하고 있는 차를 보았을 때 끔찍한 일이 발생했다. 아내가 몰던 차가 여러 대의 큰 트럭들 사이에서 질주하다가 제 길을 벗어나 뒹굴고 있었던 것이었다. 차는 도로 위에 있는 중앙 분리대를 들이받았고 가스탱크가 터져 불꽃이 치솟고 있었다. 다행히도 달린은 차 밖으로 뛰쳐나와 무사했다.

그 일이 있은 지 얼마 후, 스위스에 살고 있던 어느 겨울이었다. 달린은 빨래를 하기 위해 공업용 세탁기 뒤로 갔다. 그녀는 누군가가 그 세탁기를 사용한 후 안전 커버를 빼놓은 것을 몰랐다. 그녀는 눈이 묻은 신발을 신고 콘크리트 바닥에 선 채 손으로 전깃줄을 만졌다. 380볼트의 전류가 몸속으로 흐르고 그녀는 세탁기 철판에 기댄 채 그 자리에 얼어붙어 있었다.

달린은 후에 자신이 계속 비명을 질렀지만 아무도 듣지 못했던 것 같았다고 했다. 그녀는 주님께 자신의 생명을 구해달라고 부르짖었지만 전기가 여전히 그녀의 몸속에 흐르고 있었다. "주님, 저희들의 삶을 이미 당신께 드렸는데도 지금 이 순간 이렇게 기도하지만 아무 소용이 없군요." 달린이 부르짖었다. 그러자 즉시 하나님의 음성이 들려왔다. "사탄의 세력을 묶어라!"

달린은 그 말이 무슨 뜻인지 알았다. 그래서 그녀는 예수 그리스도의 권세 있는 이름으로 사탄을 묶고 대적하는 기도를 했다(마 16:19). 그렇게 기도하자마자 달린은 전류가 흐르고 있었던 전선과 떨어져 세탁기의 반대편 벽 쪽으로 떨어져 나갔다. 그 후 며칠 동안 달린은 심장이 두근거리고 박동이 약해지는 것을 느꼈다. 그리고 손바닥의 데인 흉터가 다 낫기까지는 몇 달이 걸렸다. 나중에는 별 이상 없었지만 달린은 이번에도 거의 죽을 뻔했다.

몇 년 동안 이런 사고들을 포함해 다른 몇 번의 사고가 있은 후 무엇인가가 일어나고 있다는 생각이 들었다. 그것은 단순히 달린에게 사고가 자주 난다는 것만이 아니었다. 아마 영적인 전쟁이었는지도 모른다.

영적인 세계에서 일어나는 일들은 추측하는 것만으로는 충분치 않다. 사탄의 궤계에 대해서 무지해서는 안 된다. 내가 이 모든 일에 대한 이해와 깨달음을 달라고 주님께 구하였을 때 하나님은 꿈을 통해 깨닫게 하셨다.

절벽에 서서 밑에 있는 바위들을 내려다보니 한 구의 시체가 눈에 들어왔다. 사람들이 그 시체 주위로 모여들기 시작했다. 나는 슬픔을 느끼기 시작했다. 그 시체는 바로 달린이었다.

나는 그러면서 잠에서 깼다. 내게 남아 있던 두려움은 좀처럼 가시지 않았다. 그래서 기도하기 시작했을 때 달린의 생명이 사탄의 공격 목표가 되어 왔다는 점, 아니 어쩌면 나와 그녀의 생명에 대한 나의 두려움이 사탄의 공격 목표라는 생각이 들었다. 이상하게도 이 모든 것은 또 나의 친할아버지의 삶을 얼룩지게 했던 비극과 연관이 있다는 것을 깨달았다.

나의 할아버지는 젊었을 때 교회를 돌아다니면서 하나님의 말씀을 가르치고 설교하는 인기 있는 목회자였다. 할아버지는 말씀을 사랑하셨고, 모든 여가 시간에는 말씀에 파묻혀 사셨기에 엄청나게 많은 성경말씀을 암송하셨다. 사람들은 그런 할아버지를 걸어다니는 성경책이라고 불렀다.

아버지가 다섯 살이었을 때 할머니가 천연두로 돌아가셨다. 할아버지가 여기저기 다니며 하나님의 말씀을 전하는 동안 다섯 명의 자녀들을 돌봐줄 사람을 찾다가 두 번째 결혼을 하셨는데, 그 결혼은 완전 실패였다. 그래서 할아버지는 이혼을 하셨고 그의 여생을 변두리 지역에서 말씀을 전하며 보내셨다. 유능한 설교자로서 그의 경력이 완전히 끝난 건 아니었지만 많이 손상되었고, 그 외에도 많은 다른 불행한 일들이 일어났었다. 이에 대한 자세한 이야기는 『하나님 정말 당신이십니까?』(예수전도단 역간)에 자세히 기록되어 있다.

이와 같은 일들이 생각나자 나는 내가 꾸었던 꿈이 무엇을 의미하는지 알게 되면서 왜 그런 많은 일들이 달린에게 일어났는지를 깨닫게 되었다. 할아버지의 사역이 할머니의 죽음으로 공격을 받았고, 사탄은 아내가 죽을지도 모른다는 두려움으로 나를 공격하려고 했던 것이다.

나는 이 사실을 깨닫고는 달린한테 더 이상 이런 사건들이 일어나게 하지 못하도록 예수님의 이름으로 사탄을 꾸짖었다. 나는 다시 한 번 아내를 하나님께 올려 드리고 내 안에 있는 두려움을 제거해 달라고 주님께 기도했다. 이것이 6년 전의 일이었고, 그 일 이후 달린이 계속 사고를 당하게 되는 일련의 사건들은 끝이 났다.

하나님께 올려 드린 사람에 대해서는 두려움에 사로잡힐 필요가 없다는 것을 기억하자. 두려움에 반대되는 것은 능력과 사랑과 절제하는 마음이다(딤후 1:7). 우리가 이같이 두려움과 반대정신으로 행할 때 하나님이 우리를 대신해서 능력으로 역사하시는 것을 보게 될 것이다. 필요하다면 그분은 우리가 그분의 이름을 위해 죽음을 당하게 하시거나, 고난을 능히 감당할 힘을 우리에게 주시거나, 아니면 초자연적으로 우리를 보호하시고 구원해 내신다.

동독의 한 어린 소녀에게 이와 같은 경우가 있었다. 나는 이 이야기를 게하르트 베슬러 목사님이 프랑크푸르트에 있는 그의 교회에서 말씀하실 때 들었다.

동독 멕클렌부르크의 한 기독교 가정에 열 살짜리 딸이 있었다. 그 소녀는 공산주의자들이 조직적으로 학생들 안에 있는 하나님에 대한 믿음을 깨뜨리려고 애쓰는 지방의 한 공산당 학교에 다니고 있었다.

예를 들면, 선생이 학생들에게 책상에 고개를 숙이고 하나님께 사탕을 달라고 구하라고 시킨다. 그렇게 잠시 있다가 아무런 일이 일어나지 않으면 선생은 웃으면서 말한다. "여러분, 이제 알겠죠. 하나님은 없습니다. 그럼 이제 정부에게 사탕을 달라고 구해봅시다." 그러면 정부를 대신하여 선생이 학생들 한 사람 한 사람에게 사탕을 나누어 주는 것이다.

하루는 그 선생이 학생들을 자리에서 모두 일으켜 세우고는 자신이 말하는 것을 따라 하라고 시켰다. "하나님은 없다."

그 어린 그리스도인 소녀는 "그렇지만 저는 하나님이 계신 것을 믿습니다."라고 하면서 선생이 시키는 말을 따라 하는 것을 거절했다. 그 선생은 연약한 어린 소녀를 노려보며 이 아이의 마음을 변화시켜야겠다고 굳게 마음먹었다.

"너 오늘 저녁에 집에 가서 '하나님은 없다.'라는 문구를 50번 써 와!"

소녀는 집에 돌아가 부모와 이 문제를 놓고 기도한 후에 '하나님은 살아 계십니다.'라는 문구를 50번 썼다.

다음 날 이 소녀가 쓴 종이를 갖고 학교에 갔을 때 그 선생은 화가 나 욕설을 퍼부었다. "이번엔 확실하게 '하나님은 분명히 없다.'라고 70번 써와. 그렇지 않으면 너와 네 부모에게 큰일 날 줄 알아!"

그래서 이 어린 소녀와 부모는 다시 기도했고 소녀는 '하나님은 분명히 계시다.'라고 70번 써서 학교에 가져갔다.

그러자 선생은 크게 분노하면서 "내일은 '하나님은 절대적으로 없다.'라고 100번 써 갖고 와라. 계속 반항하면 경찰에게 너와 네 부모를 신고할 거야. 그럼 너와 네 부모는 어떻게 되는지 알게 될 거다!"

일이 이렇게 되자 이 사실이 마을에 있는 모든 사람들에게 알려졌다. 그것은 빛의 세력과 어두운 세력의 싸움이었다. 그 어린 소녀의 부모는 그들 앞에 닥친 것이 무엇인지 알았다. 그렇지만 그들은 주님을 부인하기보다 차라리 고난을 당하기로 마음먹었다. 그래서 그 어린 소녀는 다시 "하나님은 절대적으로 계시다."라고 100번을 썼다.

다음 날 그 선생은 종이를 보고는 부들부들 떨면서 소리쳤다. "좋아, 이제 경찰에 가서 너를 고발할 테다! 너의 하나님이 너를 도우시나 어디 두고 보자!"

이 말을 하고 그는 학교 운동장에 세워 둔 자전거를 타고 길 쪽으로 달려 나갔다. 그러나 그는 얼마 가지 못해 학교 정문을 지날 즈음 갑자기 자전거에서 떨어졌다. 그리고 심장이 멈춰 죽은 채로 땅 위에 누워 있었다.

교실 창문을 통해 이 광경을 지켜보고 있던 아이들이 충격을 받고 밖으로 뛰어나가 선생의 주검 주위로 몰려들었다. 그때 한 아이가 크게 외쳤다. "하나님은 절대적으로 살아계십니다!" 그러자 다른 아이들도 합세하여 "절대적으로 살아계십니다!"라고 소리쳤다.

이처럼 하나님께 우리의 권리를 포기해 드릴 때 우리는 그 어떤 사탄의 세력도 두려워할 필요가 없다. 예수님께 속한 어린 소녀가 무신론을 표방하는 정부보다 더 큰 능력을 가지고 있지 않은가!

하나님은 우리를 구원해 주시든지 아니면 그의 이름을 위해 고난을 능히 감당할 힘을 주신다.

우리가 '반대정신'을 갖고 행할 때 우리는 실로 땅을 유업으로 받는 온유한 자가 되는 것이다.

09 모든 것을 이기고

피 선 때 잼 이 다 · Winning God's way

모든 것을
이기고

설교하면서 예레미야 32장에 있는 유명한 구절로 사람들에게 도전을 줄 때, 그 반응은 내가 예상한 대로였다.

내가 "하나님께 불가능한 일이 있습니까?"라고 물으면 앉아 있는 사람들은 열정적으로 온 힘을 다해 "아니요!"라고 일제히 대답한다.

그러면 나는 두 번째 질문을 한다. "하나님이 당신을 통해 ____한 일을 하시는 게 불가능합니까?" 침묵이 흐른다. 어떤 이들은 그냥 고개를 떨구면서 멋쩍게 웃는다.

우리들도 대부분 이와 같이 반응한다. 사실 그렇지 않은가? 하나님의 말씀을 이론적으로만 받아들이거나 그 말씀의 원칙들로부터 편하게 일정한 거리를 두고 있는 한 우리는 그 말씀들을 다 믿을 수 있다. 그러나 우리는 실제로 그 말씀을 삶으로 실천해야 하는 단계에서는 불신자처럼 행동하게 된다. 하나님을 우리 삶 가운데 구체적으로 연관시키게 될 때, 하나님은 작아지는 것이다.

하나님은 위대하신 분이며, 그분은 당신을 통해 위대하게 되기를 원하신다. 이 책의 서두에서 나는 우리가 이 책을 통해 전 세계를 취하는 방법들을 배우게 될 것이라고 했다. 우리가 예수님을 위해 모든 것을 포기할 때 우리는 그 모든 것을 얻게 되는 것이다. 어떻게 이런 일이 가능할까?

첫째, 당신은 하나님의 위대하심을 깨달아야 한다. "태초에 하나님이…"라는 구절은 성경을 시작하는 첫 문장 이상의 의미를 갖고 있다. 이것은 문자 그대로 실존하는 모든 영역 가운데 유효한 진리다. 온 우주의 광대함과 지구 생명체의 복잡성을 이해하는 유일한 방법은 바로 "태초에 하나님이…"라고 고백하는 것이다. 다른 모든 이론들은 창세기 1장 1절에서부터 나온 이 단순 명료한 서술에 근거를 둔 것이다. 하나님은 모든 만물의 창조주시며 아직도 그 능력의 말씀으로 모든 만물을 붙들고 계신다(히 1:3).

둘째, 우리는 성경을 보면서 하나님이 우리에게 하라고 하시는 것이 무엇인지를 알아야 한다. 또한 그것은 그분 안에서 성취될 것임을 믿어야 한다. 하나님이 우리를 통해서 일을 하시는 데 불가능한 것은 없다. 그분은 선하시며 공의로우시고 또한 우리에게 결코 불가능한 것을 명하시는 분이 아니다. 그렇기 때문에 우리는 하나님께 순종할 수 있다. 우리가 하나님께 순종하기 시작할 때 무엇이든 그분 안에서

'가능한 것'이 된다. 왜냐하면 우리가 하지 못하는 것을 그분께서 하시기 때문이다. 우리가 할 수 있는 가능한 것들을 하면 하나님은 불가능한 것들을 하시는 것이다.

하나님은 우리에게 그분을 위해 이 세상을 취하라고 하셨다. 마태복음 28장 18-20절에서 예수님이 말씀하시는 것이다. 우리에게 하늘과 땅의 '모든 권세'를 주셨다고 하셨을 때 우리의 다른 모든 문제들과 의심들은 이미 해결된 것이다. 예수님은 우리를 향해 돌아서서 "그러므로 너희는 가서 모든 민족을 제자로 삼아… 내가 너희에게 분부한 모든 것을 가르쳐 지키게 하라."고 말씀하신다.

이것은 불가능해 보인다. 한 사람을 제자 삼는 것도 힘든데 예수님은 모든 족속들로 그분의 제자를 삼으라고 명하시지 않는가!

당신 안에 계신 하나님은 이러한 것을 당신을 통해 이루실 만큼 크신 분인가? 당신의 하나님은 얼마나 크신가? 그 하나님은 육신의 아버지 없이 예수님을 창조하실 정도로 그렇게 크신 분인가?

많은 회의론자들은 하나님이 그런 일을 하실 만큼 그렇게 위대한 분이라는 사실을 상상할 수 없어 예수님의 동정녀 탄생을 믿지 않는다. 그렇지만 나는 육신의 아버지 없이 예수님을 창조하신 바로 그 하나님이 아버지나 어머니 없이도 첫사람을 창조하셨다는 것을 믿는다. 그 첫사람은 아담이다. 하나님은 아담을 육신의 부모 없이 창조하셨다.

하나님이 아담과 하와를 창조하시고 그들에게 명하셨다. "생육하고 번성하여…, 땅을 정복하라"(창 1:28). 인류는 생육하고 번성하라는 그 명령의 처음 부분을 잘 수행했다. 오늘날 60억이나 되는 인구로 번성하여 이 땅을 채운 것이다. 하지만 하나님이 목표하셨던 두 번째 명령은 계속 지연되어 왔다.

그것은 아담과 하와가 에덴동산에서 이 땅을 다스릴 수 있는 권세를 사탄에 넘겨준 이후로 계속 지연되어 온 것이다. 성경에서는 사탄을 가리켜 '이 세상 신'(고후 4:4)이라고 한다. 하나님이 그에게 그런 위치를 허락해 주시지 않았는데 마귀가 어떻게 그와 같은 위치를 갖게 되었는가? 사람들이 하나님을 대적하는 사탄의 음모에 동조했을 때 그렇게 되었던 것이다.

오늘날 그리스도인들에게 두 가지 극단이 있음을 발견한다. 그 하나는 사탄의 존재를 무시하는 사람들이다. 그들은 간혹 '사탄은 이 세상에 전혀 존재하지 않으며 그것은 단지 세상에 있는 악에 대한 유추적 해석'이라고 말한다. 또 다른 극단에 속하는 그리스도인들은 모든 것을 사탄의 탓으로 돌리며 사탄에게 너무나 많은 권세를 부여한다.

우리는 이 두 극단을 모두 피해야 하며 누가 정말 하나님과 우리의 원수인지, 어떻게 그 원수들을 이길 수 있는지를 알아야 한다.

이사야 14장, 누가복음 10장 18-19절, 에스겔 28장과 성경의 다른 말씀들을 보면 사탄이 많은 명철과 지식을 가진 피조물로서 한때는 하나님의 존전에 있었음을 알 수 있다. 그는 하나님께 거역하기로 결정했고 천사의 3분의 1이 그의 거역에 동조했다(단 8:10-11, 계 12:4). 사탄과 그를 따랐던 천사들은 하늘에서 쫓겨났고 얼마 후에(정확하게 얼마 동안인지는 성경에 나오지 않는다) 사탄은 뱀의 모양으로 에덴동산에 나타나 하나님의 새로운 피조물을 속여 하나님에 대한 반역에 동조하도록 했다.

그때 아담과 하와는 죄를 범함으로써 사탄을 이 세상에서 활동할 수 있게 풀어준 것이다. 이로써 사탄은 이 세상 신으로서의 권위를 아담과 하와에게서 취하게 된 것이다. 그래서 에덴동산에서의 첫 범죄 이후 지금 이 순간까지 사람이 죄를 지을 때마다 사탄이 부정한 방법으로 부여받은 권위가 세상에서 조금씩 더 증가하는 것이다. 우리가 죄를 지을 때는 사탄에게 마치 "당신의 나라가 임하고 당신의 나라가 이루어지이다."라고 말하는 것과 같다.

죄는 사탄이 원하는 것이고, 죄를 짓는 것은 곧 그의 보좌를 견고히 하는 것을 도와주는 셈이다.

이 사실을 바탕으로 이제 사탄의 약점을 살펴보자. 사탄은 심각한 약점을 가지고 있다. 나는 '거룩한 허버트'라 불리는 캘리포니아 버클리의 노방 전도자가 금세라도 자기를 쳐죽일 것 같은 과격한 폭도들과 부딪쳤을 때 손에 성경을 들고서 "여보게 친구들, 내가 이 책을 끝까지 다 읽었는데, 우리가 이긴다네!"라고 말한 게 마음에 든다.

사탄은 하나의 피조물에 지나지 않는다는 사실을 깨달아야 한다. 사탄은 하나님과 반대되는 하나님과 동급의 어떤 악한 존재가 아니다. 하나님은 전지전능하시며 무소부재하신 그런 분이다. 사탄은 감히 이에 견줄 수도 없는 존재인 것이다.

그럼에도 불구하고 꽤 많은 이들이 이 사실을 잊고 있는 것을 보면 놀랍다. 때때로 계속되는 여행으로 나는 몇 주 만에 4대륙을 다 다닐 때가 있다. 그런데 가는 곳곳마다 사탄이 직접 그 주간에 어떻게 자신들을 공격했는지 이야기하는 그리스도인들을 만난다. 그러나 사탄은 한 번에 오직 한 장소에만 있을 수 있다. 사탄은 하나님이 아닌 것이다!

또 사탄은 당신이 무엇을 생각하고 있는지도 모른다. 열왕기상 8장 39절과 시편 139편에 보면 오직 하나님만이 우리의 마음과 생각을 완전히 아실 수 있다는 것을 깨닫게 된다.

사탄은 전능하지 않다. 그는 그저 사술의 죄에 기꺼이 빠져드는 사람들에게 자랑할 수 있는 약간의 속임수 정도를 가지고 있을 뿐이다. 속임수를 쓸 수 있을지언정 하나님과 같은 능력은 없다. 하나님은 창조주이지만 사탄은 그 어떤 것도 창조하는 능력이 없는 거짓 아비에 불과하다.

사람은 사탄에게는 없는 능력을 가지고 있다. 사람은 생육하여 번성할 수 있지만 사탄은 그것조차 하지 못한다. 그래서 사탄은 아직도 그가 하나님을 대적해서 하늘로부터 쫓겨날 때 함께 타락한 3분의 1의 천사 그대로를 유지하고 있을 뿐이다. 그러나 만약 사탄이 천사 3분의 2를 갖고 있고 하나님이 나머지 3분의 1의 천사를 갖고 있다 하더라도 마귀는 절대적으로 열세다. 하나님은 여전히 하나님이시기 때문이다.

하나님은 우리 안에 계시는 예수님이 사탄보다 더 크시기 때문에 우리가 사탄보다 강하다는 놀라운 사실을 선포하고 있다(요일 4:4).

아직도 당신이 더 크다고 느껴지지 않는가? 당신 안에 계신 예수님이 이 세상에 있는 모든 마귀의 세력들과 사악한 무리들보다 더 크신 분이다(눅 10:19). 그래서 당신이 하나님께 기꺼이 순복하고 순종하기만 한다면 그분이 당신을 통해서 이루지 못할 일이란 전혀 없는 것이다. 당신의 권리를 그분께 이미 포기해 드렸고, 하나님의 임재 앞에 맨발로 서 있다면, 그분은 당신이 발로 밟는 모든 땅을 당신에게 주시겠다고 약속하신다(수 1:3).

첫 사람 아담이 에덴동산에서 타락했을 때, 그에게 이 세상을 다스리라고 한 하나님의 계획이 완전히 없어진 것은 아니었다. 그 권위를 사탄에게 내어줌으로써 그분의 계획이 지연된 것뿐이다. 그래서 예수님은 그 잃어버렸던 권위를 찾기 위해서 오셨다. 그는 말구유에서 한 아기로 이 땅에 태어나셨다. 그는 종의 형체를 입으시고 모든 권리를 포기하셨다. 평생 동안 그분은 순종의 길을 택해 걸으셨고, 온유한 자가 땅을 기업으로 받는다는 것을 삶으로 몸소 보여주셨다. 우리가 잃었던 그 권위를 어떻게 다시 찾을 수 있는지를 보여주신 것이다.

예수님은 사탄이 하나님을 대적했을 때 그랬던 것처럼 교만으로 이 세상을 다스리지 않으셨다. 그분은 사탄이 사람에게 하는 것처럼 사람들을 위협하고 뇌물을 탈취하지 않으셨다. 그는 오히려 사랑 안에서 섬기는 전력을 사용하셨으며 우리에게 말씀하셨다.

"누구든지 나를 따라오려거든 자기를 부인하고 자기 십자가를 지고 나를 따를 것이니라 누구든지 자기 목숨을 구원하고자 하면 잃을 것이요 누구든지 나와 복음을 위하여 자기 목숨을 잃으면 구원하리라 사람이 만일 온 천하를 얻고도 자기 목숨을 잃으면 무엇이 유익하리요"(막 8:34-36).

겉으로 보기에는 하나님의 방법이 어리석게 여겨지기도 한다. 어떻게 지는 것이 이기는 것이 될 수 있을까? 어린양 예수님은 십자가에서 죽으심으로 늑대인 사탄을 패배시켰다. 그리고 그분은 음부에 내리우셨다. 그러나 하나님은 3일 만에 그를 다시 높이셨다. 주님은 묶인 자들을 푸시고 인도하시면서 승리자로 나타나셨다. 그때 하나님은 '그를 지극히 높여 모든 이름 위에 뛰어난 이름을 주시며, 언젠가 모든 무릎들이 그 앞에 꿇게 될 것이며, 모든 입들이 예수 그리스도를 주라 시인하리'라는 약속을 주셨다(빌 2:9-11).

하나님은 이미 모든 무릎들이 그 앞에 꿇는 일을 이루고 계신다.

그분은 마지막 전쟁 때까지 잠자코 기다리는 분이 아니시며, 우리가 그때까지 기다리는 것도 원치 않으신다. 그분은 한 영혼, 한 목적, 한 족속들을 계속해서 얻고 계시는 것이다. 그분은 이 세상을 다시 취하는 그 일을 이루실 때까지는 이 일을 결코 멈추지 않으실 것이다.

그렇다면 지금 당장에 우리가 유토피아에 살게 된다는 말인가? 아니다. 그것은 오직 예수님이 이 땅에 다시 오실 때 이루어질 것이다. 그렇지만 적어도 지금 이 순간에 많은 이들의 삶과 세상의 여러 영역들 속에서 그분의 주권을 확장시킬 수는 있다.

짠 소금물을 만들기 위해서 물과 똑같은 양의 소금이 필요한 것은 아니다. 우리가 이 세상의 소금인 동시에 빛이다. 그래서 이제 우리는 이사야 60장 1절의 말씀에 순종하여 일어나서 이 어두움의 세대에 빛을 발해야 하는 것이다.

돈 리처드슨은 아내와 어린 아기와 함께 아이리언 자야Irian Jaya에 있는 사위 부족에게 복음을 전하기 위해 갔다. 그 부족은 사람의 머리를 자르고 잡아먹는 부족이었는데, 서로 간의 끊임없는 전쟁이 그들을 거의 멸종의 위기까지 몰아가고 있었다. 그런데 리처드슨이 그 부족에서 사역하기 시작한 지 몇 년이 지나지 않아 대다수의 사위 족은 그리스도인이 되었다. 그렇다고 사위 부족 전부가 그리스도인이 된 것은 아니었고, 그곳이 갑자기 천국으로 변한 것도 아니었다. 사위 족 중에는 아직도 하나님을 믿고 섬기기로 선택하지 않은 사람들도 있다.

그렇지만 복음의 효력은 사위 부족 안에 퍼져 나가고 있다. 인두 사냥과 식인 풍습이 완전히 자취를 감추었다. 그들은 주변에 있는 다른 부족들 간의 장사에서 주도권을 갖고 다양한 종류의 작은 사업들을 이끌어가고 있다. 또 한 아이리언 자야의 정글에 살고 있는 다른 부족들에게 선교사도 파송하고 있다. 그들은 그 지역에 있는 사람들에게 빛과 소금의 역할을 감당하게 된 것이다.

이것이 한 부족 안에서 일어난 일이라면, 한 나라 안에서도 일어날 수 있는 것이다.

예레미야 27장에 놀라운 약속의 말씀이 있다. 주님은 우리에게 먼저 하나님이 그의 크신 능력으로 이 지구를 만들고 지구상에 사람과 짐승들을 만들고 그분의 "내가 보기에 옳은 사람에게 그것을 주었노라."고 말씀하신다.

하나님은 이 말씀에서 그분이 아브라함의 자손에게 약속했던 땅을 이방 나라의 왕 느부갓네살에게 줄 것이라고 하셨다. 예레미야가 이것을 선포했을 때, 이스라엘 사람들이 어떤 생각을 했을지 상상해 보라. '거짓 선지자'라는 외침이 팽배했을 것이다. 그들은 말씀을 읽었고 창세기 13장을 통해 하나님이 그 땅을 아브라함에게 주셨음을 잘 알고 있었다. 그렇지만 이스라엘 백성들은 창세기에 기록된 약속의 땅을 불과 얼마 동안만 차지했을 뿐이다. 왜 그랬는가?

이스라엘 백성들은 하나님과 아브라함 사이에 맺었던 계약의 두 번째 부분을 이행하지 않았기 때문에 약속의 땅을 계속 차지하는 데 실패했던 것이다. 그 약속의 첫 번째 부분은 "내가 너로 큰 민족을 이루고 네게 복을 주어…"였고 약속의 두 번째 부분은 "땅의 모든 족속이 너로 말미암아 복을 얻을 것"(창 12:2-3)이였다.

오늘날의 그리스도인들처럼 이스라엘 자손들도 약속의 첫 번째 부분을 좋아했다. 그들은 "하나님이 나에게 복 주실 거야!"라며 기뻐할 줄만 알았지 약속의 두 번째 부분, 즉 "하나님이 나를 통해 이 세상에 있는 나라들을 축복하기 원하신다."는 것은 잊어버렸다.

태초부터 하나님의 목적은 변하지 않았다. 하나님은 아담이 이 세상에서 지도력을 발휘하기 원하셨다. 하나님은 택하신 민족을 통해서 온 세상을 복 주시기 원하셨다. 예수 그리스도를 통해 우리 모두는 그의 택함 받은 백성이 되었으며(롬 2:29), 그분은 아담이 하기 원하셨던 것과 똑같은 일을 우리가 하기 원하신다. 하나님은 우리에게 복 주시기 원하시며, 우리를 통해 온 세상을 복 주시기 원하신다.

만약 당신이 언약의 첫 부분만 취한다면, 비록 당신이 받은 복의 십일조를 낸다고 약속할지라도 그것만으로는 충분하지 않다. 당신이 언약의 나머지 부분, 즉 하나님의 복을 온 세상에 나누는 일을 하지 않는다면 하나님은 계속적으로 당신에게 복 주시지 않으실 것이다.

하나님은 예레미야 27장 말씀을 통해 당신을 기쁘게 하는 사람에게 이 세상을 주겠다고 약속하셨다. 예수님은 하나님을 온전히 기쁘게 했다. 그래서 하나님은 그에게 이 세상을 주셨다. 하나님은 말씀하셨다. "이는 내 사랑하는 아들이요 내 기뻐하는 자라 하시니라"(마 3:17). 그것이 바로 예수님이 말씀하신 "하늘과 땅의 모든 권세를 내게 주셨으니"(마 28:18)의 기반이 되는 것이다. 그렇기 때문에 예수님은 요한복음 20장 21절에서 우리를 향해 "아버지께서 나를 보내신 것 같이 나도 너희를 보내노라."고 말씀하실 수 있으셨던 것이다.

그분은 이 세상을 다시 취하는 과정에 우리를 동참시키신 것이다. 예수님은 우리를 보냄 받은 자, 즉 선교사로 세상에 보내셨다. 그래서 우리는 사업계의 선교사가 될 수 있고, 언론계의 선교사, 아니면 한 나라의 수상이 된 다니엘과 같이 정치계의 선교사가 될 수도 있는 것이다.

하나님의 말씀에는 지상명령을 수행하기 원하는 다섯 가지의 분명한 영역이 있다(실제로는 적어도 500개는 되어 보이나 많은 사람들이 가장 명백한 것으로 이 다섯 가지에 동의한다).

첫째, 마가복음 16장 15절에는 지상명령의 '대상'에 대해 말씀한다. 우리가 이 세대에 살고 있는 모든 사람들에게 복음을 가져갈 것을 말씀하신다. 나는 하나님이 주신 그 지상명령이 문자 그대로를 의미하는 것이라고 믿는다. 그래서 우리는 이 명령이 우리 시대에 이루어질 수 있다는 신념으로 YWAM을 설립했다.

둘째, 하나님은 누가복음 24장 47절을 통해 이 지상명령의 '내용'

을 우리에게 말씀해 주셨다. 죄에 대한 회개와 용서가 우리의 메시지가 되어야 한다는 것이다.

셋째, 우리가 주목했듯이 요한복음 20장 21절은 예수님이 바로 '보내시는 자'임을 말씀하신다.

넷째, 사도행전 1장 8절은 그 일을 행하는 '방법'에 대해 말씀하고 있는데 그것은 바로 성령의 능력을 통해서만 이루어진다는 것이다.

다섯째, 주님은 마태복음 28장 18-20절을 통해 지상명령의 '범위'에 대해서 말씀하셨다. 우리는 그저 복음을 모든 피조물들에게 전하는 것에 그쳐서는 안 된다. 하나님이 에덴동산에서 아담에게 약속하셨던 지도력을 가져야 하며, 예수님이 가지셨던 그 모든 권위, 권세를 갖고 모든 나라들을 제자 삼아 예수님이 우리에게 명하신 모든 것을 가르쳐 지키게 해야 한다.

어떤 이들은 그리스도인들의 지도력에 대해 잘 이해하지 못한다. 그래서 그들은 이렇게 반문한다. "잠깐만요, 이 시대가 바로 말세잖습니까? 그렇다면 예수님이 이 세상에 다시 오셔서 모든 것을 심판하시고 깨끗하게 하실 때까지 모든 것이 점점 악해지는 게 사실 아닙니까? 만약 우리가 이 세상을 하나님을 위해 취해 드린다면 그것이 곧 하나님이 말세에 대해 예언하셨던 것들과 하나님이 본래 의도하신 계획을 이루지 못하도록 하는 게 아닐까요?

몇 년 전 캘리포니아 주에 살고 있는 상당수의 그리스도인들이 경각심을 갖게 된 일이 생겼다. 동성연애 행위를 묵과하고 이 도덕적 범죄를 법적인 권리로까지 인정하려는 법이 통과된 것이다. 그들은 이 법이 사회에 끼칠 악영향에 대해서 우려했고 특히 순수한 젊은이들과 어린이들에게 위험한 영향력을 미치게 될 것이라고 생각했다. 그래서 이 그리스도인들은 다른 지역에 살고 있는 그리스도인들과 함께 협력해 정부 당국자에게 자신들의 입장을 알리기로 결정했다. 그들은 일부 사람들로부터 지지를 받았지만 많은 그리스도인들의 반응에 크게 놀라지 않을 수 없었다. "아니, 당신들 지금이 말세인 걸 몰라요? 예수님이 다시 오실 때까지 세상이 점점 더 악해지는 게 정상 아닙니까?" 그들의 반응은 사탄이 승리하는 것이 하나님의 뜻이라고 암시하는 것이다.

깨어 있지 않으면 우리는 아무것도 하지 않는 것에 대한 하나의 변명으로 말세에 대한 가르침을 내세울 수 있는 것이다. 이것은 마치 "우리는 정치계나 언론계, 또는 영향력과 지도력을 미치는 다른 중요한 영역에서는 활동할 수 없다. 왜냐하면 그것이 곧 하나님을 대적하는 것이 될 수 있기 때문이다."라고 말하는 운명론의 한 형태가 될 수 있다.

내가 말세 예언에 관한 전문가라고 우기는 것은 아니다. 다른 그리스도인들과 마찬가지로 나도 성경을 읽으면서 내 주위에 돌아가는 일들을 분별하려고 노력하고 있을 뿐이다. 그러나 내가 한 가지 분명하게 믿는 것은 누가복음 19장 13절(KJV)에 나오듯이 예수님이 그분이 오실 때까지 정복하라고 말씀하셨다는 사실이다.

만일, 종교라는 울타리 안에 숨어서 교회 밖에서 이루어지고 있는 모든 것들을 썩게 내버려 둔다면 그것은 이 세상을 정복하는 태도가 아니다.

나는 역사의 종말과 그 시기는 그분에게 맡겨 드리고 세상에 나가서 사탄에게 잃어버린 영역들을 공격적으로 취하여 그분의 통치를 선포하는 것이 주님이 원하시는 것이라고 믿는다. 우리는 사도행전 1장 6-7절에서 제자들이 그 당시가 말세가 아닌지에 대해 예수님께 물었던 것과 똑같은 어리석음을 범하고 있다. 예수님이 제자들에게 "너희의 알 바 아니요…"라고 대답하셨듯이 이 세상 끝의 기한은 하나님 아버지의 권한에 속해 있는 것이다.

요한계시록 11장 15절은 언젠가 이 세상 나라 모두가 예수님께 속하게 될 것을 약속하고 있다. 그러므로 우리는 지금 이 순간에 그 목표를 향해 전진해 나가야 하는 것이다. 누가복음 17장 21절은 하나님의 나라가 우리 안에 있음을 말하고 있다.

예수 그리스도가 이미 우리의 마음을 다스리고 계신다. 그분이 나의 삶이나 당신의 삶을 다스리실 때 우리가 이 세상에 영향을 미치고 있는 모든 영역들이 이미 그분의 다스림 가운데 있다는 것이다.

그렇다면 이제 우리 모두 그 영향력의 범위를 더 넓혀 가야 한다. 사탄은 이 모든 것을 이미 알고 걱정하고 있을 것이다. 그는 하나님처럼 창조도 못하고, 인간처럼 생육하여 번성하지도 못한다. 그래서 그는 지금 낙태, 전쟁, 질병, 투쟁과 폭력이라는 전략을 통해서 인간의 번성을 중단시키려고 애를 쓰고 있다. 마귀는 파괴자다. 그의 목적은 어떻게 하든지 사람들을 시험하고 제한하는 것이다.

어쨌든 사탄은 그가 차지하고 있는 비중을 잃고 있다. 그는 천사들의 3분의 1을 소유하고 있었다. 그렇지만 매주 시간이 지날수록 인간은 점점 늘어가고 인간에 대한 그들 사탄의 비율은 줄어들고 있다.

그러면 사탄은 어떻게 자신의 통치 영역을 유지시키는가?

어떤 면에서는 사탄이 우리보다 더 영리하다. 그래서 인간 관심사의 가장 영향력 있는 부분들을 목표로 해서 그 영역들 안에서 가장 높은 위치에 있는 소수의 사람들을 사로잡고 있는 것이다. 사탄은 술에 만취해 흐려진 눈으로 소파에 앉아서 텔레비전을 보고 있는 술주정뱅이를 신경 쓰지 않는다. 사탄은 그런 사람을 세상을 다스리는 일에 사용하지 않는다.

그래서 마귀는 지도급에 있는 사람들에게 다가가 위협과 뇌물 등으로 그들을 조종하고, 다시 그들의 영향 아래 있는 대중들을 조종하는 것이다.

상당수의 YWAM 사역자들이 태국에서 사역하고 있다. 이들은 우리에게 태국 국경과 인접해 있는 미얀마 영토 안의 "황금의 삼각지대"라고 불리는 지역에서 활동하고 있는 한 장군에 대해 들려주었다.

이 작고 산이 많은 지역에는 세계에서 헤로인이 가장 많이 재배되고 있었다. 모든 재배 과정과 노동력이 한 사람의 지휘 아래 이루어지는데 이 암흑세계의 장군은 100명의 충성스러운 부관들을 거느리고 있었다. 전 세계에서 엄청난 액수의 현금이 그가 공급해 준 헤로인의 대금으로 송금된다.

그 100명의 충성스러운 부관들은 밖에 나가서 총으로 젊은이들을 '위협'하여 그들의 조직에 들어오게 한다. 일단 그 지하군대에 들어오게 되면 급여와 마약과 여자를 얻게 된다. 처음에는 '위협'을 당하고 후에는 '뇌물'을 받는 것이다.

이 장군은 위협과 뇌물로 부관들을 다스리고 또한 그를 위해 싸우는 데 고용된 수천 명의 젊은이들을 다스린다. 나아가 궁극적으로 뉴욕, 암스테르담, 홍콩과 브라질의 상파울로 등 전 세계 도시에서 방황하는 수백만 명의 마약 중독자들에게까지 영향력을 행사하고 있는 것이다.

이 장군도 마약 중독자라고 들었다. 그는 다른 야심있는 사람에 의해 살해당하고 자신의 위치를 빼앗기면 어쩌나 하는 두려움 속에 살아가고 있다고 한다. 사탄은 자신의 노예가 된 이 한 사람을 통해 수백만의 사람들을 다스리고 있는 것이다.

비록 하나의 사례에 불과하지만, 이것은 사탄이 어떻게 그의 제한된 자원을 사용해서 이 세상의 신으로서의 능력을 발휘하고 있는가를 보여준다. 그는 위협과 뇌물로 소수의 영향력 있는 사람들을 사로잡아 수백만의 사람들을 다스리는 것이다. 그러나 예수님은 "두려워 말라."고 말씀하셨다. 온전한 사랑은 모든 두려움을 내어 쫓는다. 우리는 사랑을 통해 다스리며, 원수를 이길 수 있는 것이다.

1975년 나는 기도하면서 우리가 어떻게 이 세상의 전 영역을 예수님께 돌아오게 할 수 있는지에 대해서 생각해 보았다. 일곱 가지의 영역이 머릿속에 떠올랐다. 그래서 우리는 열방이 전적으로 하나님께 돌아오도록 하기 위해서 이 일곱 개의 영역에 초점을 맞추어야 한다는 것을 알았다. 나는 이 생각을 즉시 종이에 적어 주머니에 넣어 두었다. 그 일곱 영역은 가정, 교회, 교육계, 정부와 정치계, 언론계, 예술계, 연예계와 스포츠, 사업계, 과학과 기술계였다(최근에는 정치, 경제, 교육, 매스미디어, 예술, 종교(교회), 과학기술, 가정의 여덟 영역으로 나누기도 한다-편집자 주).

다음 날 나는 C.C.C.의 총재인 빌 브라이트 박사를 만났다. 그는 하나님이 최근에 그에게 주신 생각을 나에게 이야기해 주었다. 열방을 하나님께 돌아오게 하기 위해서는 몇 개의 영역들에 중점을 두어야 한다는 것이었다.

그것들은 지금 내가 앞에서 나열했던 것과 동일한 영역들이었고 단어상의 표현과 나열만 다를 뿐 내가 적어서 주머니에 넣어둔 쪽지와 같은 내용이었다. 나는 그 쪽지를 꺼내 빌에게 보여주었다. 이와 같은 놀라운 일치는 우리 그리스도인들이 조용하고 세미한 성령의 음성에 귀를 기울일 때 언제든지 일어날 수 있는 것이다.

이 일곱 가지 영역은 우리가 그리스도를 위한 사회를 형성해 가는데 도움이 될 것이다. 하나님은 마태복음 28장에서 말씀하고 있는 바를 수행하고 온 세상으로 제자를 삼는데 사용하도록 이와 같은 손잡이를 주신 것이다. 분명한 것은 하나님은 이와 같은 것을 YWAM이나 C.C.C. 사역자들만을 위한 것으로 의도하지 않으셨다는 사실이다. 나는 하나님이 그의 모든 백성들로 하여금 사회의 이 일곱 가지 분야에 대해서 알고 이것들을 사용해서 온 세상에 그리스도의 다스리심을 확장해 나가기를 원하신다고 믿는다.

그러면 모든 나라에서 지대한 영향력을 갖고 있는 이 일곱 영역들을 어떻게 취하여 주의 다스리심을 선포할 것인가?

첫째, 기도로써 사탄으로부터 우리가 마땅히 찾아야 할 영토들을 취해야 한다. 성령의 능력으로, 에베소서 6장 10-20절, 고린도후서 10장 1-6절과 야고보서 4장 7-10절에서 나열된 영적전쟁의 강력한 무기들을 통해 사탄의 견고한 진들을 파하라고 말씀하신다. 그래서 우리는 마땅히 인식하고 있는 어떤 영역에서든지 사탄의 영향력을 기도로써 물리쳐야 한다.

어떤 사람은 그것을 다음과 같이 표현했다. 각 족속에게 복음을 갖고 가는 것(막 16:15)은 보병과 같고, 온 세상을 제자화하는 것(마 28:18-20)은 공군과 같다. 그리고 열방을 위한 중보기도(단 9장, 느 9장,

스 9장, 골 3:1)는 마치 대륙 간의 탄도 미사일과 같다. 기도는 예수 그리스도를 위해 이 세상을 취하는 영적 전쟁의 아주 강력한 도구이다.

우리의 기도는 마땅히 구체적이어야 한다. 우리의 마음속에 들려주시는 성령의 음성에 귀 기울이면 그분은 우리가 어떻게 기도해야 할지를 알려주실 것이다(잠 3:5-6, 사 55:8,59:16, 딤전 2:1-6, 사 62:6-7 참조). 그러면 우리는 성령께서 그분의 영향력을 전략적으로 중요한 위치에 있는 사람들, 예를들어 정부에 관계된 사람들에게 끼쳐달라고 기도할 수 있다.

우리는 정부 기관에 있는 사람들이 복음을 듣고 예수님을 믿도록 기도해야 한다. 그렇게 기도했는데도 그 사람들이 주 예수님께 순복하지 않으면, 우리는 그 자리에 하나님의 뜻을 행할 다른 사람을 세워 주시도록 하나님께 기도할 수 있다.

이것이 바로 우리가 주기도문으로 기도할 때마다 "아버지의 나라가 오게 하시며, 아버지의 뜻이 하늘에서와 같이 땅에서도 이루어지게 하소서."라고 하는 구절이 의미하는 바다.

만약 그분의 뜻이 현재 세상의 모든 영역에서 이루어지고 있다면, 예수님은 '이루어지게 하소서'라는 식의 표현을 써서 기도하게 하지 않으셨을 것이다!

정부든 교육계든 언론계든 그 어떤 분야든지 우리가 구체적인 이 일곱 영역들을 위해서 기도하면 하나님은 우리가 기도하고 있는 바로 그 영역들에서 우리를 사용하실 것이다.

하나님은 우리 중에 어떤 사람을 다니엘이나 요셉처럼 권위 있는 자리에 놓으실 수도 있다. 우리에게 영향력을 발휘하도록 주신 그곳이 어디든지, 즉 가정이든, 대통령 관저든 간에 우리는 그 자리에서 하나님의 뜻을 이루면서 살아야 할 것이다. 그러나 다른 이들 위에 군림하는 모습으로 하는 것은 아니다. 예수님이 그러셨듯이 우리 또한 섬기는 자의 자세로 해야 한다.

예수님은 우리를 통해서 이 세상을 다스리기 원하신다. 우리가 그분과 복음을 위해서 권리들을 포기해 나갈 때, 그분은 우리를 통해서 그 권위와 다스리심을 확장해 가시는 것이다(막 10:42-45).

이 일곱 가지 영역들을 좀 더 자세히 살펴보자.

가정 The Home

우리는 먼저 가정을 통해 모든 나라들의 다음 세대를 제자화할 수 있다. 부모들은 좋은 형태로든 나쁜 형태로든 이미 다음 세대를 제자화하고 있는 것이다. 우리는 아무리 어두운 곳에서도 빛을 발할 수 있는 성경적인 그리스도인 가정을 이루어야 한다.

나는 복음에 대해 매우 적대적인 나라에서 전문적인 직업을 갖고 살고 있는 한 가족을 알고 있다. 그 나라는 종교적인 발언을 법적으로 강경하게 금하고 있었기 때문에 복음을 전하는 일은 극히 제한받고 있었다.

그렇지만 그들의 보고에 의하면 그들 부부가 서로를 대할 때나 자녀들과 관계하는 것을 보면서 주변에 있는 많은 사람들이 큰 영향을 받았다고 한다. 그들은 그리스도를 믿는 가정으로서 좋은 모범을 보여 이웃들에게 예수 그리스도의 빛을 비춰준 것이다.

교회 The Church

우리는 또한 교회를 통하여 이 세상에 있는 나라들을 제자화한다. 어떻게 우리가 이 일을 할 수 있는가? 교회 안에만 머물러 있으면서 이곳이 바로 이 땅에 있는 '그리스도의 나라'라고 믿는 것으로 이 일이 이루어진다고 생각지는 않는다.

그리스도인들에게는 교회에 출석하는 목적이 경주를 위해 연료를 채우고 장비를 점검하는 것이 되어야 한다. 왜냐하면 경주는 세상 밖에서 있을 것이고, 우리는 우리 안에 있는 하나님 나라를 우리가 가는 곳 어디에서든지 세상 밖으로 드러내야 하기 때문이다. 그래서 우리는 교회에 다시 들어올 때마다 매번 세상 밖에서 있을 경주를 위해 우리의 연료 탱크를 가득 채우고, 양식을 먹고, 생명력을 얻고, 회복하여 이 땅에 하나님 나라를 완성하는 경주에 다시 출전해야 하는 것이다.

교육계 The Schools

다음 세대들은 탁아소와 유치원에서부터 세상에서 가장 유명한 대학과 대학원에 이르기까지 교육의 영향을 받고 있다. 이 분야는 이 세상을 예수 그리스도를 위한 사회로 형성해 가는 데 아주 귀중한 기회를 제공한다.

9세기경 아이슬란드 해변가에 처음 상륙했던 바이킹 족들은 그곳에 얼마 되지 않는 아일랜드계 그리스도인들을 그들의 노예로 만들어 그들 생각에 가장 하찮은 일을 직업으로 주었는데, 그것이 바로 아이들을 돌보는 일이었다. 이 노예들은 바이킹 족의 자녀들을 가르쳤고, 3세대 안에 나라 전체를 변화시켰다.

서기 1,000년에는 아이슬란드 국민들이 투표를 통해 자신들의 나라가 기독교 국가임을 공포했다.

그리스도인들은 반드시 교육계의 모든 분야에 들어가야 한다. 교육 커리큘럼을 짜는 분야와 학생들을 가르치는 분야, 행정적인 분야 등에도 참여해야 한다. 어떤 그리스도인들은 다른 사람들이 기독교 학교를 운영해 가는 동안 공립학교에서 빛과 소금으로 남아 있어야 한다. 부모들 역시 활발하게 활동하여 선생님들과 마음을 합하여 그들의 자녀들이 잘 훈련되도록 그 권위를 선생님들께 위임해 주어야 한다.

언론계 The Media

최근에는 언론 비평이 유행처럼 퍼지고 있다. 많은 그리스도인들뿐만 아니라 정치계의 좌우익의 모든 사람들에 이르기까지, 언론계 종사자들이 음모를 꾸며 자신들의 권리를 빼앗고 있다는 것을 깨닫게 되었다. 하지만 우리 중에 얼마나 많은 사람들이 이 언론계가 막대한 비중을 차지하고 있는 선교지라는 것을 인식하고 있는가?

리처와 로스만이 최근 언론계에 종사하고 있는 엘리트 238명을 대상으로 한 여론 조사에 의하면, 그들 중 50%가 신앙이 전혀 없다고 말한다. 그리고 겨우 3~4%의 사람들만이 정기적으로 교회나 회당에 나가고 있다고 밝혔다.

이 비율은 소위 '복음에 대해 폐쇄된 나라'에서 볼 수 있는 복음화되지 않은 사람들의 비율과 같은 것이다.

당신이 가장 싫어하는 뉴스앵커 한 사람을 선택해서 그 사람의 얼굴을 마음속에 또렷하게 그려 보자. 그러고는 바로 그 사람을 위해 우리 주 예수 그리스도께서 십자가에 달리셨음을 상기해 보자. 이 사람이 바로 하나님의 아들을 희생할 만큼의 값어치가 있는 사람인 것이다.

사회를 형성해 가는 데 있어 전자 매체와 인쇄 매체의 중요성은 아무리 강조해도 지나치지 않는다. 그런데 왜 우리 그리스도인들은 이 영역을 무시하면서 불의한 자들이 그 영역을 다 차지하도록 내버려두고 있는가?

우리가 기꺼이 이 분야에 들어가서 참 길이요, 진리요, 생명 되신 예수 그리스도를 그들에게 전하지 않는 이상 우리는 언론계 안에 진리가 결여되어 있다고 불평할 수 없다. 다시 한 번 말하지만 기독교 방송이나 기독교 신문사에서 일하는 사람들도 있어야 하고, 비기독교적인 일반 대중 매체에 소명 의식을 가지고 들어가는 이들도 반드시 있어야 한다.

정부 The Government

당신은 한 번이라도 "절대로 정치 따위에는 손도 대지 마쇼! 아주 더러운 일이지. 그리스도인이 할 만한 게 못돼!"라고 말해본 적이 있는가? 만약 그렇다면 당신은 곧 사탄의 뜻을 대변한 셈이 된다. 비록 그런 의도를 가지고 있지는 않았다 할지라도, 당신은 사탄의 관점을 전하고 있었던 것이다.

그리스도인들이 정부 공직에 몸담으면 안 된다는 생각은 어디에서 비롯된 것일까? 분명한 것은 그것이 성경으로부터 얻은 생각이 아니라는 것이다. 굳이 다윗이나 솔로몬 같은 이스라엘 왕으로까지 거슬러 올라갈 필요도 없다. 어쨌든 그들은 적어도 입으로나마 자신들을 하나님의 백성이라 일컫는 사람들을 다스렸잖은가. 그 대신 다른 두 사람, 이방 나라의 정부에서 충성스럽게 일했던 다니엘과 요셉을 살펴보자.

이 두 젊은이는 삶 속에서 하나님이 진리와 원칙을 적용하며 살다 보니 어느새 한 나라의 총리가 되었다. 공직 초기에는 그 어떤 정치여론 조사자도 그들이 그런 높은 위치를 얻을 것이라고 예상하지 못했다.

다니엘은 포로였으며, 외국인이었고, 왕정통치의 규칙대로 행하지 않았던 이방인이었다.

요셉은 친형제들과의 경쟁의식으로 극심한 고난을 받았고, 그에게 매력을 느낀 한 여인과의 숙명적인 만남 때문에 이집트 동굴의 어두운 곳에서 감옥살이를 했다.

이 두 사람 모두 부와 명예를 가진 사람들에게서 찾아볼 수 있는 전형적인 삶을 살지 않았다. 다니엘은 정치경력 말기에 잔뜩 굶주려 있는 사자들이 득실거리는 좁은 사자굴에 던져졌다.

하나님의 경건한 사람들이 정치 분야에서 승리할 수 있는가? 그것이 고대 이집트나 바벨론에서 가능했다면 오늘날 그 어떤 나라에서도 가능하다. 물론 정치 분야에서 일하면서 하나님을 섬기고자 애쓴다면, 그런 사람들은 또한 현대판 사자굴과 맞부딪칠 수밖에 없을 것이다.

하지만 하나님은 그러한 여러 상황들을 통해 그들이 흠이 없고 깨끗한 인품을 가진 사람들이 되도록 견고하게 세워 가실 뿐 아니라 후에 하나님이 인하시는 방식의 지도력, 즉 섬기며 다스리는 지도력을 습득하도록 가르치실 것이다.

하나님은 오늘날에도 자신의 권리를 기꺼이 하나님께 포기하고 한 나라의 지도자의 위치에 오를 수 있는 사람들을 찾고 계신다. 그러나 하나님은 그들이 권력을 사랑하는 데 사로잡혀 망해 버린 사울처럼 되지 않고 마지막까지 모든 사람들의 종으로 남아 있을 그런 사람인지 연단을 통해 확인한 후에 권좌에 높이 세우실 것이다.

무대예술, 연예와 스포츠 Performing Arts, Entertainment & Sports

"흐음, 이건 확실히 사탄의 지배 아래 있는 영역이야."라고 말할지도 모른다. 그렇다면 이렇게 말하는 것은 '그리스도인 연예인'이란 용어 자체를 모순되게 하는 것이 아닌가?

내가 자랄 때 어쩌다가 이런 생각을 갖게 되었는지 모르지만 무엇이든 재미있는 것이거나 어떤 동작이나 다양한 색깔들로 우리를 흥분시키는 것은 죄악된 것이라는 생각을 갖고 있었다.

예: 정말 경건한 사람들은 옷을 평범하게 입는다/ 가장 거룩한 사람들은 모두 검정색 옷을 입는다(아니면 모두 흰색 옷을 입는다).

예: 정말 영적인 사람들은 아무리 좋은 의도라도 어떤 농담도 하지 않는다.

예: 아무런 감정도 없이 진지하고 엄숙하게 이루어진 것이라면, 그것은 다른 것들보다 더 성스러운 것이다. 가능한 한 하나님께 기도할 때는 개역한글 성경의 말투처럼 '~하나이다, ~하옵소서'를 사용한다.

아마 당신은 여기 나열된 생각 중 일부분만 가지고 있을지도 모르겠다. 그러나 이것이 대체로 세상에 비춰진 경건의 모습이다. 이러한 경건함에는 절대로 웃어서도 안 된다.

아버지는 검정색의 근엄한 옷을 입고 계시며, 단조로운 목소리로 말하며 결코 움직이지도 않으신다(어렸을 적에 교회에 가면 부모님으로부터 "조용히 잠자코 앉아 있어! 여기는 하나님이 계신 곳이야!"라는 소리를 들으며 하나님께 존경심을 나타내는 것을 배우지 않았던가).

그리스도인 연예인이라는 말 자체가 우리에게 이상하게 들리는 것은 전혀 놀라운 일이 아니다. 다시 말씀을 살펴보자. 성경이 단조롭고 지루하고 생기 없는 하나님의 모습을 보여주고 있는가? 마귀는 우리가 재미있고 즐거운 일들은 마귀의 일들이라고 생각하기 원하지만 그것은 진리가 아니다. 요한계시록 말씀을 읽어보면 알 수 있다. 하나님의 보좌는 무지개 색깔로 둘러싸여 있다. 모든 힘의 창조자 되신 하나님이 거기 그냥 무기력하게 앉아 계시는 것이 아니다.

내가 가장 좋아하는 성경 구절 중 하나인 스바냐에 있는 말씀은 하나님이 우리를 인하여 기뻐 노래하며 즐거워하고 계신 모습을 보여준다.

하나님은 당신을 사랑하는 사람들이 행하는 모습들을 보면서 기뻐하시는 것이다. 우리를 당신의 형상대로 지으신 하나님은 슬픔의 감정뿐만 아니라 기쁨의 감정도 느끼시는 분이다.

그분이 바로 흥분과 기쁨의 중심이 되시며, 연극, 영화, 위엄과 아름다움의 창조자시다. 우리가 포기해 버리는 곳이 어느 곳이든지 간에 그 영역은 사탄이 차지할 것이다. 그런 일이 무대 예술 분야에 일어났다.

근대 연극은 전도를 위한 한 형태로 글을 읽을 줄 모르는 사람들에게 하나님의 진리를 가르치기 위해서 탄생된 권선징악적인 연극이었다. 그러므로 예수님을 위해 연극 분야는 물론 모든 연예계 분야를 반드시 다시 취해야 한다. 그리고 창조적인 방법으로 세상의 많은 사람들에게 그분이 정말 어떤 분인지를 보여줄 수 있게 해달라고 그분께 구해야 한다.

상업, 과학과 기술계 Commerce, Science & Technology

'더럽게 번 돈, 사다리를 타고 올라가는 것, 쥐들의 경주, 회사에서 출세하기 위해, 사회 안의 치열한 경쟁…'

이런 용어들만 봐도 우리가 돈 버는 것을 근본적으로 더러운 일이라고 생각하고 있음을 알 수 있다.

그리스도인이 사업에 성공할 수 있는가? 성령님은 당신이 사업 세계에서 승리하길 원하는가? 부자가 과연 하늘나라에 들어갈 수 있겠는가?

예수님은 부자가 천국에 들어가는 것이 쉽지 않다고 말씀하신다. 그분은 우리가 물질적으로 복을 받을 때 하나님을 섬기는 것이 얼마나 어려워지는지 아셨다.

한 부자 청년이 예수님께 다가왔을 때 예수님은 그 마음을 보시고 그의 삶의 중심이 하나님이 아닌 돈에 있음을 아셨다(눅 18장). 예수님은 그런 청년에게 모든 소유를 팔아 가난한 자들에게 주고 자신을 좇으라고 말씀하셨다.

예수님은 이것을 모든 사람들이 따라야 할 표본으로 보여주신 것인가? 물론 돈이 당신 삶의 우선순위라면 그것은 곧 우상이다. 그래서 주님은 당신 삶에서 돈이 주님보다 더 큰 의미를 가지고 있지는 않은지 당신을 시험할 것이다. 아마도 당신이 가지고 있는 모든 소유를 다른 사람에게 다 주라고 여러 번 말씀하실 수도 있다.

그러나 어떤 사람에게는 사업을 하면서 그 영역에서 선교사로 하나님을 섬기는 것이 그분의 뜻일 수 있다. 그래서 당신이 받고 있는 물질의 복으로 많은 사람들을 축복할 수 있도록 하시기도 한다.

200년 전에 씌어진 '돈의 사용'이라는 소책자에서 존 웨슬리는 오늘날에도 여진히 필요한 충고를 하고 있다. 그는 예수님을 사랑한다고 하는 사람들에게 말한다. "당신이 할 수 있는 한 최대한 돈을 벌어라, 당신이 할 수 있는 한 최대한 저축하라, 그리고 당신이 할 수 있는 한 최대한 다른 사람들에게 주어라!" 이 이상의 충고는 없는 것 같다.

과학과 기술 또한 그리스도인들의 섬김의 한 방편이 될 수 있다. 과거에 일부 그리스도인들은 이러한 영역을 기피했었다. 그렇지만 진정한 과학과 성경적 기독교 세계관은 상호 보완적이다. 그뿐 아니라 과학과 기술 분야에는 그리스도인들의 영적 지도력이 절대적으로 필요하다.

지금의 사회는 과거의 어느 때보다 더 많은 과학적 발전을 이룩하고 있으나 그에 따른 도덕적 기준에 대한 확신은 점차 적어지고 있다. 그렇기 때문에 과학과 기술 분야에도 이곳을 자신들의 선교지로 삼아 진출하는 그리스도인들이 필요한 것이다.

존 케네디가 1960년대 말까지 달에 사람을 착륙시킨다는 목표를 세웠을 때 그의 비전은 지식폭발을 촉진시켰으며, 우리는 오늘날까지도 일상생활 가운데 그에 따른 과학기술의 발달이 가져온 유익을 누리고 있다.

만일 우주항공기술의 경주가 휴대용 계산기, 노트북 컴퓨터 같은 새로운 장치와 전자기술들을 개발했다면, 우리가 복음을 들고 모든 족속들에게 나아가는 경주는 지식의 최전선을 왜 넓혀갈 수 없겠는가? 한 가지 예를 들어보자. YWAM의 아시아 태평양 기독교대학 (PACU, Pacific Asia Christian University: 현재 열방대학, University of The Nations

으로 개칭됨)의 학장은 저명한 과학자이자 겸손한 하나님의 사람인 하워드 맘스타드 박사이다.

우리 열방대학의 과학기술대학은 그의 지도 아래, 흙에서부터 피의 혈청까지 모든 것을 분석할 수 있는 소형 화학 분석기를 발명했다. 이 분석기는 제3세계에서 농업, 산업, 의학 및 영양학을 포함한 여러 분야에 이용될 것이다.

그들의 다음 목표는 휴대하기에 간편하고, 배터리로 작동할 수 있는 자동 화학 분석기를 개발해서 특별한 선교 사업에 사용할 수 있게 하는 것이다. 과학기술대학에 있는 사람들의 심장은 예수님의 지상명령이 성취되는 것을 도울 목적으로 고동치고 있다. 동시에 그들은 인간 지식의 분야를 확장해 나가고 있는 것이다.

당신은 한번이라도 전임 사역자가 당신의 직업이 무엇이냐고 물어왔을 때 "아, 저는 그냥 세속적인 직업을 갖고 있는데요."라고 멋쩍게 대답해 본 적이 있는가? 그렇다면 그 대답과 동시에 성직자와 평신도, 하나님의 일과 직장의 일과 마귀의 일 등 '거룩한 것'과 '속된 것'의 경계가 나누어지는 것이다.

그것은 우리의 마음속에 이렇게 작용한다. 대체로 월요일부터 토요일까지는 세속적인 나라다. 주일은 하나님 나라, 빛의 나라가 된다. 그래서 당신이 일하고 있는 월요일부터 토요일 동안에는 이 빛의 나라에 대해서는 언급하시 않는다. 당신은 그저 일을 하고 급여를 받는다.

이것은 성경적인 생각이 아니다. 그리스도인들에게 세속적인 세상은 없다. 모든 사람은 이 나라가 아니면 저 나라, 즉 빛의 왕국 아니면 어두움의 왕국에 속하는 것이다. 그러므로 하나님이 당신을 부르신 곳이 어디든지 우리는 "내가 경영하는 사업, 내가 다니는 직장, 내가 운영하는 농장, 내가 다니는 학교, 내가 일하는 방송국"에서 "하나님 나라와 하나님 뜻이 이루어지이다."라고 기도해야 한다.

우리 그리스도인들의 사고는 그동안 너무나 이원론적이었기 때문에 우리 자신도 혼란스러웠고, 우리를 바라보는 세상 사람들도 혼란시켰다. 이 세상에는 단지 두 개의 왕국만이 존재하고 있고 이 두 왕국은 지금 전쟁 중이다.

우리는 사탄이 역사하고 있는 것과 반대되는 방법으로 이 일곱 개 영역에 들어감으로써 하나님 나라의 확장을 위해 싸워야 한다. 사탄이 증오를 조장하고 있는 곳에 우리는 사랑을 보여주어야 한다. 탐욕이 가득 찬 곳이라면 모든 사람에게 넘치도록 주어야 하며, 편협이 판치고 있는 곳이라면 충성과 용서를 보여야 한다.

하나님의 영은 이 세상의 신과 반대정신으로 맞서 싸워서 그의 권세를 빼앗아 만왕의 왕이요 만유의 주이신 예수님께 드리는 하나님의 사람들을 통해서 이 세상으로 들어간다.

예수님은 우리에게 "가서 모든 족속으로 제자를 삼으라."고 명하셨다. 과거에 우리는 여러 나라에 선교사로 들어가서 읽고 쓰기를 가르치며 복음을 전했다.

우리는 정부나 정치학, 경제학을 가르치는 데는 참여하지 않았다. 우리는 공산주의자들이 그 일을 하도록 내버려둔 것이다. 제3세계의 여러 나라에서 공산주의자들은 기독교학교에서 교육받은 젊은이들을 데려다가 그들에게 '어떻게 정부를 운영하는가'에 대해서 공산주의자로 '제자화'시켰다.

그런데 하나님은 우리에게 "나는 다른 누구보다도 정부를 운영하는 것에 대해 더 많이 알고, 나는 네가 아는 것보다 농업이나 어업에 대해서 더 잘 안다. 나는 지금 네가 하고 있는 사업이나 네가 가르치고 있는 것에 대해서도 너보다 더 잘 안다. 나는 어떻게 언론매체를 사용해서 최고의 의사전달을 창출해 내는지 알고 있다. 그래서 나는 너에게 나의 원리원칙들을 가르쳐서 그것으로 네가 다른 사람들을 가르침으로써 많은 영혼들을 구원하게 되기를 원한다. 너를 향한 나의 부름이 네게 있고, 네가 그 일을 잘 완수하기를 원한다. 내게 모든 것이 있으니 너는 그저 순종만 하면 된다."라고 말씀하신다.

하나님의 원칙을 지키는 경제 조직, 성경적 진리에 기반을 둔 정부 형태, 하나님의 말씀에 바탕을 둔 교육, 예수님이 머리 되신 가정, 다양성과 아름다움으로 하나님이 누구신지 나타내는 연예와 예술, 사랑 안에서 진리를 전달하는 것을 기반으로 한 대중매체, 그리고 이런 모든 영역들에 선교사들을 파송하는 곳으로서의 교회들….

이러한 것들을 통해서 "모든 족속으로 제자를 삼으라."는 예수님의 지상명령이 성취되어 수억 수천만의 사람들이 하나님 나라로 돌아오게 될 것이다. 예수님은 약속하셨다. "내가 세상 끝날까지 너희와 항상 함께 있으리라"(마 28:20).

예수님은 온유한 자들, 신을 벗은 자들, 즉 자신들의 권리를 그분께 순복하여 내어 드리는 자들에게 땅을 기업으로 주시겠다고 약속하셨다. 그분은 우리가 모든 열방들을 하나님의 유업으로 선포하기를 원하신다. 그분은 또한 우리가 모든 것을 내어 주면, 그 모든 것을 얻게 될 것이라고 약속하신다.

그것은 결코 쉽지 않을 것이다. 그분이 이와 같은 것을 행하는 데에 안락함이나 안일을 약속하지는 않으셨다. 그를 따르는 군사들에게 편안한 잠자리를 약속하지도 않으셨다.

예수님은 어떠하셨는가. "여우도 굴이 있고 공중의 새도 거처가 있으되 인자는 머리 둘 곳이 없다."(마 8:20)고 말씀하셨다.

예수님은 당신이 부자가 될 것이라는 약속 대신 당신의 모든 필요를 채워주시겠다는 약속을 하셨다.

당신을 먹이시겠다고 하셨지만 항상 당신이 좋아하는 음식만 주시는 것은 아닐 것이다. 거할 곳을 주시겠다고 약속하셨지만 때로는 많은 사람들이 함께 생활해야 하는 그런 상황일 수도 있다. 그분 자신이 사람들에게 체포당했듯이 당신 또한 체포당할 수 있다고 말씀하신다.

더 나아가 당신이 바로 복음을 전하다가 매년 죽게 되는 30만 명 이상의 사람들 중 하나일 수도 있다고 하신다.

그렇지만 하나님은 당신을 통해 전 세계 모든 족속들에게 복음이 전해질 것이라고 약속하신다. 이 약속은 "너희는 온 천하에 다니며 만민에게 복음을 전파하라."고 하신 그분의 명령에 포함되는 것이다.

하나님은 그분이 다시 오실 때까지 사탄에게 빼앗긴 영역들을 점령하라고 말씀하신다. '점령하다'라고 하는 말은 통치권을 갖고 다스린다는 말이다. 무리를 지어 흰옷을 입고 산꼭대기에 올라가 마지막을 기다리라는 말이 아니다.

점령군이 들어와 한 나라를 점령하게 되면 그 나라의 경제, 군사, 언론과 교육 등 사회 전반에 걸친 통치권을 가지고 그들의 권위를 행사한다. 예수님은 우리에게 그와 같은 권위를 가지라고 말씀하시는 것이다.

그렇다면 어떻게 그 일을 할 수 있겠는가? 무력으로써가 아니다. 오히려 예수님의 종이 되어야 이룰 수 있다. 이것이 바로 반대정신으로 이 땅을 정복하는 것이다! 우리는 섬김을 통해서, 즉 종으로서, 온유한 자로서, 또한 겸손한 자로서 다스리는 것이다. "온유한 자가 땅을 기업으로 받을 것이다!"

불가능한 소리처럼 들리는가? 전혀 그렇지 않다. 만일 당신이 자기 목숨을 잃고자 하면 잃을 것이요, 복음과 주의 이름을 위하여 자기 목숨을 잃으면 얻을 것이다.

예수님이 바로 그렇게 하셨다. 그분은 자기 자신을 스스로 그 어떤 사람보다 더 낮추셨다. 음부의 밑까지 내리우셨다. 이제 하나님은 그분을 높이셨고, 모든 무릎들이 그분 앞에 꿇게 될 것이라고 약속하셨다.

그 예수님이 우리에게 "나를 따르라"고 하신다. 자신의 십자가를 지고, 신발을 벗고, "맨발로 가라"고 하신다. 그리고 "종이 되라"고 하신다. 당신의 권리를 포기하면 당신은 하나님 나라를 얻게 될 것이다. 당신은 예수님과 함께 다스리고 통치하게 될 것이다.

당신은 예수님을 위해 온 세상을 취하게 될 것이다.

네 신을 벗으라

지은이　　로렌 커닝햄 · 제니스 로저스
옮긴이　　예수전도단

1993년 7월 22일 1판 1쇄 펴냄
2014년 12월 3일 1판 97쇄 펴냄
2015년 11월 26일 개정판 1쇄 펴냄
2025년 4월 10일 개정판 9쇄 펴냄

펴낸곳　　도서출판 예수전도단
출판 등록　1989년 2월 24일(제2-761호)
주소　　　서울특별시 관악구 신림로7나길 14
전화　　　02-6933-9981 · **팩스** 02-6933-9989
전자우편　ywam_publishing@ywam.co.kr
홈페이지　www.ywampubl.com

ISBN 978-89-5536-489-7

책값은 뒤표지에 있습니다.
잘못된 책은 바꾸어 드립니다.